必須履行的旅行

文、攝影▼高嘎嘎 Gaga

Be a flaneur

目錄

1 勇氣 courage

2 成長 grow

推薦序1

有幸拜讀嘎嘎新作《必須履行的旅行》，跟著書裡的嘎晃了世界一圈，字裡行間流露出的真性情，一如我認識的嘎，親切有活力，散發歷經蛻變後的光芒。

讀到〈關於經驗：三十歲前不要存錢〉時，忍不住放聲大笑。「完蛋！我早過三十啦！而且還在世界遊蕩，錢都繳給航空公司買機票去了。」害怕嗎？不會啊！過著隨心但不所欲的生活，握著自己立定的目標，沒有龜也沒有兔的賽跑，只跟過去的我競賽，目的地是一天比一天更了解自己。

當初想了解西班牙人為何吃喝玩樂樣樣通還能如此長壽，我跑去西班牙學西文外加吃喝的時光特別愉快。想在旅行中跟日本人聊天，拚命學日劇主角講話，還真學得有模有樣。地球是很棒的教室，帶著名為「替自己負責任」的勇氣，收集沿途的酸甜苦辣，累積成養分，更靠近自己的心。

猶豫嗎？走吧！你就會懂了。生活本來就不會如你所願，接受現況吧！為了自己而活，從來就不是自私的事，不要被社會給騙了。隨心出發，在日常中履行旅行。

旅遊作家／**老蝦**

「推薦序 2」

「特別是女人、三十歲以前的人生經歷是你一生的瑰寶」這一直都是我的人生價值觀之一。我覺得女生不是只有結婚生小孩工作而已，所以在三十歲前我選擇走了一條一般女生比較少走的路。為了自籌旅費，我沒有選擇臺大而是到提供獎學金的國立高雄大學就讀。環遊世界是我從大一就開始規劃給自己畢業的成年禮，後來環遊世界回來後在東京工作一段時間，認識了現在的男友彭哥，厭倦了空中飛人的生活，後來跟貝里斯的國外員工決定在臺灣創業成立自媒體服務相關公司。

每年都會給自己一個「100」新挑戰的我，環遊世界 **100** 天後發現我很珍惜環遊世界的人生經驗，但是我並不適合讓旅遊充滿自己的人生，所以我結合自身一直以來的興趣「閱讀」來經營，「一書一觀點」直播到二〇一六年開始陸續在鐘點大師與 Pressplay 上架訂閱服務，並且二〇一九年四月出版《自媒體獲利百萬》相關實作經驗分享書籍。

「旅行後，才是歸零的開始」，我相信嘎嘎以及許多旅行者都遇過跟我一樣的問題，而很多事情是嘗試過才知道自己適合什麼。人生發自內心想做的事情往往不多，祝福看到這本書的你們，找到屬於自己人生旅程的風景。也很謝謝在人生這場單程旅程中與各位在文字中有巧遇的緣分。

一書一觀點創辦人／**許維真（梅塔）**

「自序」

「我要去這個地方，我一定要去這個地方。」在一個平常到不行的夜晚，看完電影《127 小時》後，腦海中浮現的唯一想法。

這大概有點瘋狂，但從那一刻開始，我的生命中開啟了一連串的奇蹟，大概就像是翻開一顆超大的健達出奇蛋，裡面一層又一層的禮物與巧克力，豐富我的日常，甜膩我的每吋時光。

在那之後從亞洲到美洲，美洲到歐洲再穿越中亞；背起行囊開始浪跡天涯，眷戀一座城市便任性地住下，我喜歡旅行，但我更愛自己不拘泥任何形式的旅行方式。在法國一個不知名的小鎮，搭上了一台便車，從法國穿越了西班牙；在義大利嘗試了沙發衝浪，開啟所謂在金字塔頂端生活的眼界；在沖繩體驗了換宿，到膠囊旅館去感受一下小而精緻的住宿體驗；懷念一起床就奔向大海尋找魚兒的日子，背起氧氣筒就可以暫時忘卻其實自己不會游泳的事實。

有好一段時間，朋友都稱我為「因為一場電影，就衝去地球另一端生活的瘋狂女子」，而我其實挺喜歡這樣的稱號，因為在大學剛畢業的那段時間，我根本不知道自己要做些什麼，噢，應該是說，要做什麼樣的工作。

身邊的朋友們紛紛投入職場，或是繼續攻讀學位，每個人都有一個目標，不管那個目標是不是他們真心想要的。或許歸咎於水瓶座的叛逆，愛好自由的個性，自然不能接受自己被「社會化」。也因為當時一個突如其來的念頭，才能造就今天的我。

旅行大多時候是孤獨的，是獨自一人走過許多時光，而書寫是我記錄這段時日最佳的方式，大多時候我都是在與自己對話，感謝一路走來的勇敢，感謝遇見的每一個美麗故事，每一位可愛又友善的人，每一步堅強又堅忍的步伐，這是二十二歲畢業那年的我，留給自己最佳的禮物。

就在書即將出版的前兩個月，我才意識到這份禮物將要出版，一篇篇深夜自省的自我對話，一則則令我感動甚至起雞

皮疙瘩的美妙樂章。我看見了在西班牙馬德里廣場那個曾經無助的自己；在以色列的某個猶太人社區，犯下無知又愚蠢錯誤的自己；在捷克小鎮被溫泉水嗆到卻仍興高采烈的自己；而我也想起在土耳其那對可愛的夫妻，在沖繩小島那個惆悵卻哀愁的眼神，在柬埔寨因為一瓶可樂就手舞足蹈的孩子……，或許在多年以後，我會忘記我去了哪些景點，造訪過哪些城市，而那一篇篇日記底下的城市，究竟是什麼模樣。

但我卻無法忘記那杯淡而無味的咖啡帶給我的感動，無法忘記那個絕望又寒冷的夜晚，陪著我去河堤吹風的貼心。

這幾萬字帶著我重新旅行了一遍，又哭又笑的，現在看起來文字似乎有點稚嫩，甚至有點粗糙，但那是這段日子來最赤裸裸且毫無保留的真實，我想要與你們分享，那段必須履行的旅行。

高嘎嘎 Gaga

1

勇氣
courage

就出發吧，趁天空正藍，趁陽光還在，
趁你還有勇氣，趁他還未老去。

流浪旅行

Vagabonding，當個城市漫遊者（flaneur）

1-1

我踏上人煙罕至的那條道路，

於是我的每日每夜將不復相同。

〈未行之路〉

羅伯特・佛洛斯特

Be a flaneur.

「淅瀝！淅瀝！淅瀝！」一個下著雨的夜晚，雨滴輕輕地彈奏起冬季戀曲，窗邊的萬年青隨著雨聲逕自地跳起舞來，我坐在書桌前，泡了杯最愛的熱拿鐵，沸騰的熱氣緩緩地向上飄散，一縷淡淡的咖啡香伴隨著細微的滴答聲勾起了回憶，一個時光模糊卻記憶鮮明的回憶。

「妳是如何開始踏上旅行的？」

這是踏上旅程後，不論在路上，或是歸來後，最常被問起的十大問題之一。

打從大學畢業後，身邊的同學大多選擇投入職場，開始了新生活，不改水瓶座叛逆個性的我，毅然決然地跳脫既定模式，選擇流浪（Vagabonding）到世界旅行，在踏上旅途的那刻起，就注定了接下來的每一步，都會和過去大大地不同。

「就任憑一切在你身上發生，那些美好的、醜惡的都來者不拒。」

我有一群朋友，一群從小到大認識的朋友；他們自小生活在交通便利、街道擁擠的都市，步伐急速，目標單一且明確，總是聽從父母與師長的指令，朝著所謂的成功人生邁進，從來沒有疑問，也不敢有任何的question，深怕自己一不小心多嘴，就被認為是怪胎或是異類，在他們眼裡，當我提及關於夢想的詞彙，他們總是無奈地笑了笑，拍著肩膀跟你說「大白天的，還是別做白日夢吧！」

後來，脫離學生身分的我，便開始流浪，到所謂的「世界」去闖蕩；我曾沉浸在大自然描繪出的絕世美景，陶醉於人與人相處間的熱情親近，也曾見證了真實社會的自私現實，妥協了不得不為五斗米折腰的事實，在與世界碰撞後，就不斷的打擊從小到大在學校所學到的道理，這個世界真的不是黑與白，對與錯，**yes or no** 這樣的絕對。

許久未見的朋友，看到我總是會問起，

「妳現在在做什麼？」

在大部分的時候，我因為懶於解釋，總是會笑笑地回句「無所事事，遊手好閒，當個浪人阿！」然後再不熟加上眼睛眼白部分比較多的朋友，就會接著問：「那妳的錢從哪裡來？妳要流浪多久？」

「不知道。」我總是這樣回答他們。

一直以來我也是對於未來充滿焦慮，在偌大世界嘗過點甜頭之後，就再也回不去的那些人，好不容易跳脫現實牢籠後，就很難再將枷鎖添加到自己身上。

還記得前陣子在日本生活的那段時日，我領悟了一件事：要能無所事事的，漫無目的的遊走在街上，自由自在、隨心所欲地走著，是件不可思議的事情。

大部分的人們肩上都有許多看不見的重擔，街道上的每個人步伐都相當急速，就連停個紅綠燈都很奢侈，更甭說可以停下腳步，細細觀察街上的細節，抬頭看看上帝賜予的天作之畫。好不容易有個假期，來場放鬆之旅，到知名景點拍照打卡，到部落客推薦的餐廳品嘗，線上購買配好的機加酒自由行，就是時下最流行的自助旅行；停在色彩鮮艷的美麗櫥窗前，買著看不太懂的時尚品牌，一窩蜂的從眾行為，這群「自由行」的人們，卻從來不是自由地跟從自己的心。

在夏爾・皮耶・波特萊爾（Charles Baudelaire）的詩歌裡，是我第一次接觸「flaneur」這個詞，「遊走於城市邊陲，觀察體驗的人」，正面解讀的話「flaneur」可以翻譯成「城市漫遊者」，或可稱「文化觀察者」，若是再深入挖掘，抑或是在搜尋引擎輸入這個詞彙，你可能會找到巴黎、十九世紀、遊蕩，光消費不生產的無用者等關鍵字，大概就是失業人士，無工作者，喜歡我行我素做自己想做的事的人們罷了。

說到這裡，你是不是開始對這詞有點熟悉，覺得自己好像認識這類的人呢？一直以來，旅行是我很熱愛也很熱衷的。每到一個新的城市，我總是想找當地人聊聊，聽他們說說他們從小生長的城市，品嘗他們日常所吃的美食，如果氣味相投，話題合拍，便在這個城市住上一陣子，我總是很貪心的想要了解每個城市的面貌，不是表面那些大眾所給予的，而是透過身體力行，用心地去挖掘一些深層一點的東西，具體是什麼我也說不清，這也不是什麼高尚或是了不起的行為，就只是不願和一般妥協的任性罷了。

旅行可能會改變了某些人、某些事，甚至是某些習慣，但最重要的是，它會讓你切切實實地明白，自己是怎樣的人。

Be a flaneur.

嘎語錄

鳥之所以飛翔，是因為牠從不懷疑自己的翅膀。

還沒出發以前，夢想就跟泡泡一樣，一碰就破

就出發吧，飛出屬於自己的一片天空

心自由，哪裡都可以是旅行基地

聆聽內心

當想做和該做的事情合而為一
時，就能聽見世界的聲音

1-2

世界是一本書，
不旅行的人只讀了一頁。

聖奧古斯丁

「當想做的事情和該做的事情合而為一時，就能聽見世界的聲音。」

每一滴紅酒回不到最初的葡萄，我回不到年少。

脫離校園生涯已過數年，一回顧彷彿如昨夜夢醒般，歷歷在目。

「唧唧！唧唧！」蟬聲在外和鳴，我來到了一個距離臺灣不算遙遠的小島，一個當地人建造的小木屋裡，開啟我小小的大夢想，屋內的壁虎正為新來的我跳起歡迎舞，慶祝我和家人抗戰成功，成功說服他們讓我走自己想走的路，而非和同年齡的朋友般紛紛踏上職場，從一開始我就很清楚地知道，這將不會是太輕鬆的過程。

在門外那層剛褪去的蛇皮，似乎是上帝傳達給我的指示，暗示著這趟旅行是蛻變的開始，電風扇在旁邊嗡嗡地作響，我躺在陌生卻溫暖到難以不流汗的床鋪，身上開始起了大小不一的紅疹子，有點癢有點燙，面積正逐漸地擴散到身上每一個角落，當時的我內心卻平靜到自己也有點詫異。

在都市叢林長大的我，享受著從未有過的田園生活，腳上被蚊子親得左紅一包右紅一塊，身上也隨著抓痕開始紛紛烙下印記，烙下回憶的印痕；空氣中瀰漫著一股詭譎的氣息；如果我踏上了常規的道路開始職場生涯，此時此刻的我可能是踏著高跟鞋身穿套裝的上班族吧？看著腳下沾滿泥濘的雨鞋，內心掀起小小的聲音迴旋：「既然選擇了，就用力地享受吧！」

在那一刻起，我意識到了只有自己可以幫助自己度過難關，那是堅強，不是逞強。不是每個人生下來都力大如牛，勇猛如虎，一路上遇到的每個難題，都在教會你如何勇敢面對，你得學會勇敢，直到勇敢變成唯一的習慣。

剛畢業的我二十二歲，是個懷抱夢想、擁有一股傻勁的女孩，因為熱愛旅行，捨棄了步入職場的常規，給自己個 gap year 前往異國打工度假，未來是有點模糊有點遙遠的想像，灰灰的、空空的，在踏上了只能容納一人小徑的那種道路後，我的每一天都充滿變數。

世界對我來說很大很小很大，大到需要讓我耗盡盤纏，才能一一走過每一個地理課本介紹到的夢幻城鄉，大到一個回頭你可能會失去了心愛的人；但世界有時很小，小到一個轉身可能就遇見了某位重要的人，小到你可能才剛踏出一步，就進入了另一個奇幻天堂。

人生總是會遇到許多十字路口，需要去抉擇與承擔你所選擇的那條道路，再踏上人煙罕至的那條，一路上的險峻與強力的孤獨定會席捲而來，這是在一開始選擇時就可預期的。

只是當困境像是一層又一層包裹的糖心炸彈，等待著哪天澈底爆發，或許你賭上了一切，不論肩上的責任有多重，輿論的話語有多糟，或是接踵而來的難題有多難，你都只能與自己為伍，伴著有點虛無有點抽象的夢想而行，暗自希望今晚的夢，會帶你找到你想要的解答。

或許真的是在度過無數個這樣的夜晚，你開始漸漸明白上帝要傳達的訊息了。

只要有心，哪裡都能是風景

也許就是得經過這樣百轉千迴的路途，才能真的深刻體悟，一切都是經驗，不單單只是考驗而已。

然後夢想開始漸漸有了雛形，只是你得再靠近一點點，再用力一點一點的去挖掘。

嘎語錄

專注做著自己想做的事情，
雜音就會逐漸的消去了。

再惡劣的環境，都能開出花來

在石垣島遇見美麗的沙灘

回歸日常

或許這世界仍舊冷酷無情糟糕透頂，但我們仍舊可以保有一貫笑容堅持下去

1-3

人生有許多事情，
正如船後的波紋，總要過後才覺得美。

〈我的四個假想敵〉
余光中

臉上一股熱熱的暖意席捲而來，起身抓起枕頭旁的手機一看，「哇！都快中午了呢！」這是我回到家鄉後的第三十個太陽，披著上禮拜在葡萄牙假日市集買來的戰利品，泡了杯雖然普通但戒不掉的熱拿鐵，我決定坐在那個熟悉卻帶點陌生的書桌前，寫點什麼來與這段時日的自己一塊回憶，並給接下來的日子一點開場白。

當我意識到許久沒有好好寫段文字的同時，冬天已過去了一大半，而這個冬天似乎不太冷。

轉眼間又過去了一年，過往幾年的日子過得意外精彩，從既定計畫中突然全盤洗牌，很快速地轉化成年初從未想過的生活，就這樣撞上了新的生活，迸出了新的色彩，一掃年前的黑白，開始驗證「上帝為你關窗，必然幫你開啟另一扇門」的道理，好在，我挺喜歡這樣的轉變。

陽光恣意地撒在偌大落地窗上，我坐在靠近窗邊的一隅，一如往常地在鍵盤上敲敲打打，開著信箱查看需要處理的信件，偶爾，我的工作會一直接觸到人群，他們來自各個行業，各個地區，每個人都有獨特的個人特質與性格，來到這裡都有同個目的，而我也不禁好奇究竟是什麼樣的緣分將這群人凝聚在這裡。

威尼斯的沙發主捎來消息，說他打算離開住了三十多年的家鄉到各地闖闖，來場未知目的地的旅行，雖然不知道終點在哪裡，但命運會為他找到解答。

葡萄牙的朋友前陣子詢問我的近況，開心得告訴他回臺後一連串的「小木定律」註，感謝上帝帶給我健達出奇蛋的連環驚喜，讓我不得不再次相信自己擁有的小幸運從未離開。

在日本遇到的澳洲友人開始了自己創業生涯，還記得當時他細數著一路旅行的過往，談起在非洲工作的至親家人如何被黑道暗殺，伴著冷靜平淡的語氣娓娓道出：「這世界一直都是如此冷酷無情，只是我們還不習慣應付突如其來的改變罷了。」這段彷彿看破紅塵的話語，直愣愣的打進我心裡，但在他眼裡，我仍看見一絲不捨，在他無所謂的笑容下，儘管他嘴上不說，我仍舊感受到一股什麼在他心裡翻騰波動著，然後我們高舉酒杯，在一個稀鬆平常的夜晚，一個不怎麼熱鬧的島上，慶祝著彼此不怎麼特別卻又真實的人生。

我總是覺得上帝這樣的安排自然有祂的用意，而我也甘於這樣劇烈起伏的篇章，畢竟人生一遭總得高潮迭起才不虛此行。好在，一切都是好的變化。沈澱段時日後，靜靜地咀嚼這一路上顛簸的時光，收起眉頭深鎖的面容，讓嘴角維持一貫的弧度，女孩，請妳千萬要記得，即使發生千萬個令妳緊皺眉頭的劇烈打擊，也要保有一如既往的開朗心情，因為妳永遠無法預料誰會喜歡上妳的笑容。

是的，我回來了。

結束在世界任一角落定居的生活，回到了熟悉卻又帶點陌生的家鄉，那些美好的模糊片段逐漸清晰起來，許多環節隨著歲月侵蝕斑駁了，出走的這段日子裡，總是增加了些什麼消磨些什麼，具體的自己也說不大清，大概就是在百轉千迴後的人生，又增添一篇篇故事，一篇篇讓你回味很久很久的故事。

開始旅行，世界變得繽紛美麗

❖ 註：「小木定律」（Littlewood's law）為劍橋大學教授約翰．埃德索爾．利特伍德（John Edensor Littlewood）所提出，認為「一個人每天大約有八小時的活動時間，而這八小時裡的每一秒都會看到或聽到一個『事件』，而『事件』的發生機率如果是百萬分之一，也就是所謂的『奇蹟』的話，那麼，一個人三十五天內大約經歷了一百萬件事情，這期間就有可能會經歷到一個『奇蹟』」。

嘎語錄

或許這世界仍舊冷酷無情糟糕透頂，
但我們仍舊可以保有一貫笑容堅持下去。

在以色列遇見會說話的牆

一杯酒交換彼此的人生故事

關於青春

關於青春的紅與綠

1-4

流光容易把人拋

紅了櫻桃，綠了芭蕉。

〈一剪梅・舟過吳江〉

蔣捷

「各位貴賓午安，請您豎直椅背，繫好安全帶，飛機即將起飛……」

時針落在清晨三點整，恰恰成了一個完美的九十度，而我也正在一個習以為常的狹小移動工具內呈現與時間同行且同形的狀態。「沙沙、沙沙……」耳邊傳來筆尖在紙端盤旋飛舞的聲音，像是想要在那個誰的身上留下痕跡一般。我喜歡飛行，也喜歡寫字，更喜歡記錄旅途上的一顰一笑，每天，每天都是。

今天也如同往常般，翻開泛著歲月痕跡的牛皮本兒，正想隨手記下一些瑣碎，好好補救六秒記憶的金魚腦，牛皮本便滑落了掌間，用張開翅膀飛翔般的模樣，一躍而下。

彎腰撿起，碰巧看見牛皮本肚裡的那個詞「青春」。思緒跟著飛行一同來到大二那年的夏天。

「你旅行結束之後想要做什麼呀？」我問。

「繼續當個在世界流轉的浪子吧？哈哈哈！是不是很瀟灑？」不加思索就脫口而出的他回。

那時候的我，覺得世界很大很小很大。

大的是有太多未知的新鮮與新奇，多到數不清無法一眼望盡的事物在想像之外。小的是眼前能看望的場景屈指可數，汲取灌溉的養分有限，總是處在同溫層的一隅，與同是差不多的誰一同分享彼此的天空。大的是即使相同科系、個性的兩個人，總是有另一方未知或不了解的一塊兒，在茶餘飯後的閒聊中，一起描繪彼此的天空，歡笑堆疊出那時的我們，夢想的小小城堡。

他，是我某次到上海流浪時，在背包客棧交誼廳裡搭訕的夥伴，A。

A從小生長在師字輩的家庭，爸爸是醫師，媽媽是律師，從小到大就被灌輸著「唯有讀書高」的儒家思想，從呱呱落地的那一瞬間開始，他的人生似乎都被安排地差不多了，看似前程似錦，不必為了柴米油鹽醬醋茶而煩惱，不必過為五斗米折腰的生活，A大概就像是許多人口中的人生勝利組吧。

在大學畢業那年，頂著高學歷的光環，A放棄了人人欽羨的高薪工作，帶著一只皮箱買張單程機票就出發，遇到A的時候，他已經在世界流浪超過一千多個日子了，A常自嘲自己是「登機客」而非揹著背包的背包客。在世界的某個城市起飛，再到另一端的鄉鎮登機，最後在一個不知名的村落住下，有時甚至住上好一陣子，沒有目的地的，享受自由探索的樂趣。

還記得那時候我們在一個一晚只要三百臺幣的青年旅館遇見，天馬行空、毫無規律可言的亂聊著彼此的生活，分享彼此的世界，具體的內容我已記不太清楚了，大概就是我瘋狂問了一百個莫名其妙的問題，然後A細心的，耐心地一一解答我的疑惑。之後我們因為聊得挺愉快地，也就相約旅行了幾天，關於那段時間的旅行記憶也挺模糊的，大概就是走訪那些對我們來說都挺陌生又新鮮的景點，品嘗新奇的當地怪異料理，做做一些在自己國家從未做過的事情，滿心歡欣，發自內心大聲的笑，用力的享受旅行的每分每秒，但大多時候都是去我想去的地方。

A從來沒有跟我說，他明天想去哪裡，或是想吃什麼樣的料理。起初我以為是A已經在這個城市住上好一陣子的關係。

「那接下來還想去什麼地方？」在A滔滔不絕聊起過往旅行經歷的同時，我問。

「我不知道。」A露出淺淺的微笑，飲下一口廉價超市買來的柳橙汁。

「蒐集那些網路上幾大必去的國家呀？還是一生一定要去的那些景點？」對於剛開始愛上旅行的我，遇上旅行經歷豐富的A，迫不及待很想了解這位旅遊大前輩的想法。

A聽到我的問題後，拿出了一張我們在東方明珠塔前自拍的合照。

「妳看，在每一個人的眼裡東方明珠都是一樣的，但在旅途中發生的故事會因為遇見誰而不一樣，像是我在上海遇見了妳，也許五年過後妳會忘記東方明珠長什麼樣子，但妳也許會記得在二〇一〇年的這個夏天，妳遇見了誰。」A一邊拿出那張拍立得，一邊溫柔地說著。

「哇！好像在拍偶像劇喔！哪裡有攝影機。」對於眼前這位大前輩，突然溫柔地說遇見我很特別，有種尷尬又心臟砰砰跳地感覺。

後來我們繼續聊旅行，不過內容大多是對於旅行的態度，或是各種特別的旅行方式，像是沙發衝浪、打工換宿等，那是我第一次聽到這些關於旅行的名詞，之後那些所謂的必去景點，似乎都不再是那麼重要了。

最後，A把那張拍立得送給了我，背後畫著一個圓，圈著另一個不太圓看起來有點像臺灣的圖。

在那個大圓的旁邊，他寫下了「Wonderful」，而小小的很像臺灣的圖，他寫下了「Comfort Zone」，旁邊搭配著和他一樣瀟灑的字跡。

「這世界有許多未知的美好，你得踏出去才知道。2010.8.31 A留」

「請您豎直椅背，繫好安全帶，我們準備降落……」耳邊傳來即將抵達目的地的聲音，我拿起了伴著我歷經數十場旅行的鋼筆。

（沙沙、沙沙）

在牛皮本肚上的「青春」旁加了幾個字。

「那年的夏天，是我們永遠『抓不回來』的青春。」

姬路城賞櫻

嘎語錄

青春總是不回頭地向前跑，最後催紅了櫻桃，染綠了芭蕉。

期待降落後的驚喜

北海道函館千萬夜景

學會勇敢

直到勇敢變成一種習慣

1-5

勇氣是人類最重要的一種特質，
倘若有了勇氣，
人類其他的特質自然也就具備了。

邱吉爾

我在那年夏天離去以前來到羅馬，在多年以後，羅馬依舊與記憶中的模樣相當，車水馬龍，各種鳴聲在街邊奏起生活的狂想曲，好像一不注意就會掉進誰的演奏廳，自以為置身事外的觀賞起來，整個世界瞬間縮小得可以容納到口袋。而你，在世界以外。

那年是一個突然發生的意外，又或者是人生突如其來的插曲，我在原既定的人生規劃裡轉了個彎，而羅馬，就是當時的我最好的避風港，一個遠到沒有人認識你的國度，期待歸來後，我能蛻變成嶄新的蝴蝶。

在羅馬大多時候的交通我都仰賴地鐵，每一站的票閘口都能看見武裝軍人拿著看似衝鋒槍的配備站哨，空氣中瀰漫著詭譎的氣味，你能感受到什麼事情即將發生，而什麼事情已經發生，在你還沒察覺到的情況下；羅馬，是個又危險又安全的城市。

一個人的時候，我大多會選擇在市區的背包客棧，因為容易到達，去哪都方便的緣故。還記得那一次我訂了距離羅馬車站八百公尺的青年旅館，因為飛機關係，午夜時分才抵達車站，但旅館是在車站的另一頭，而我得穿越整個車站，再繼續走八百公尺才能到達。

跨出第一步的同時，腦海開始上演各種電影危險情節，車站的長椅與角落旁躺臥許多衣衫襤褸的人們，經過時可以隱約察覺到自己彷彿成了動物園裡的猩猩，一雙又一雙眼睛正對著你行注目禮，板著臉孔和他們保持一小段安全距離，暗自希望不會有熱情的人一同加入我的步伐。呼，我越過了羅馬車站，來到另一頭。

在剛鬆口氣，暗自歡呼自己度過第一個關卡的同時步出了車站大門，迎面而來的是大麻混雜著尿騷味，隱約可以看見對面街口的路燈旁，正有個人公然便溺起來，在那一刻只想快步離開這齣有點重口味的篇章，午夜時分，羅馬車站旁的街道正閃爍著微弱燈光，路燈筆直地佇立，像個旁觀者似的觀察這城市的一舉一動，在這鱗次櫛比的大樓背後，隱藏了晦澀的現實，而我，只是個過客。

短短的八百公尺我足足走了三十分鐘，每當視線範圍內有人出現，便反射動作地立刻衝進最近的雜貨店，待人影走到看不見的那個角落後，才又再次踏上旅程，前往今晚落腳的旅館。第一步踏出是因為想要逃離讓自己難過不已的傷心地，在炎炎夏日的季節裡，理當熱情奔放，開懷大笑，大概就是種想要揮汗如雨下的掙脫，我來到了羅馬，期許歸來的自己能帶著滿滿的正能量，在經過一般旅行洗禮後重生，然後，好好的為接下來的日子奮戰。

「不怕不怕，我們在長大。」

在踏出去後，你就是自己一個人了，計畫永遠趕不上變化，即使在做好萬全準備的前提下，生活常常給你一記重擊，讓你不得不腳步緊湊地馬不停蹄，想要悠閒地度過假期時，日子又突然給你一場驚喜，在接二連三的「小木定律」後，見證只要你準備好，機會就會再度降臨，只是當天降眾多機會給你的同時，你總是得選擇，選擇一個適合自己的，又或者說選擇一個自己想要的；選擇一個不後悔的，又或者是時間到了選擇便浮現了，而隨之而來的一切一切，不論好與壞，都得扛起來，自己一一承擔。

就像此時此刻的現在，午夜時分的我來到了羅馬車站。

「不怕不怕，這就是長大的必要之惡。」

害怕都是自己給自己的。

堅強從來都不需要刻意練習，直到勇敢成了唯一選項。

「別怕別怕，我們在長大。」

嘎語錄

遇到壞事情就該往好處想，我們又增加了一筆經驗值呢！

笑一個吧，沒什麼過不去

讓我們一同敲響生命的鐘聲

全世界都可以是我們的遊樂場

關於夢想

做自己想做的事，夢想會引領
我們前往正確的方向

1-6

夢想無論怎樣模糊，總潛伏在我們心底，
使我們的心境永遠得不到寧靜，
直到這些夢想成為事實。

《人生就像一首詩》
林語堂

晚安，親愛的女孩：

今晚是上班族最期待的friday night，妳呢？是不是也在某間餐廳和朋友敘舊談心呢？

這陣子頻繁地移動穿梭在歐洲各國，用身體力行去體驗機票比車票還便宜這件事情，有點奢侈。在歐洲旅行的這段時日裡，大多時朋友問起，我不會用「旅行」這個字來形容，我覺得那比較像是流浪，或是說我在歐洲「生活」了一段日子，在各種逐漸熟悉的爾後，新的難題常常以迅雷不及掩耳的速度，出現在面前。時間永遠都不夠用似的，來不及預做準備或是配套措施，即讓混亂來結束這一場戰局。

在各種任務從四面八方而來的此時，好吧，我有點不知所措。即使在那之前，我早已身經百戰。

晚安，親愛的女孩。

我決定用一個人的寧靜，告別忙碌混亂的生活。

昨晚打算下樓泡杯咖啡時，在交誼廳閒聊了一會兒，具體內容已記不清，大概就是來自奧地利的朋友最近剛遇到了人生的十字路口，他從大學畢業了，開始要抉擇下一步該往哪兒去，每一個決定都會影響人生，會讓他的未來變得和另外一個選擇有天大的差異，因此，他們開始舉棋不定，深怕一個不小心好像下錯一步棋，可能會讓整盤局輸掉大半似的，如同多年前的我。現在回想起那時候的自己，哈，有點可愛。

如果是妳，親愛的女孩，妳會怎麼做呢？

在好多好多年後的現在，回頭看彷彿覺得當初的困擾有點多餘，不過還是很慶幸那時候的自己有過一段時間的深思熟慮，造就了現在的我，現在的自己。不敢說自己是個多好的人，但至少緩慢地進步了，人生呀！總是會出現許多的十字路口，許多必須面臨抉擇的時刻，這世界並不總是非黑即白，非對即錯的絕對二分法，在每一次的賽後檢討，多少個「早知道」，多少個「都怪你」，多少個「應該要」，好像，都不是那麼的重要了。

今天看 Instagram 的限時動態上，一個朋友分享了「Live life with no regrets.」，嘴角不自覺地笑著，似乎好像遠在臺灣的朋友也能心電感應到他們內心的小祕密似的。回顧過往呀，總是有好多好多後悔，日常的瑣碎裡總是會出現許多小小抱怨，有時候生活出現肥皂劇中的泡沫劇情時，總是希冀自己能安於其中，不要當那個標新立異的悲情主角，我想，這就是所謂的世俗眼光吧，是一路走來被灌輸的錯誤訊息，是大環境造就我們如此思考，只是，這真的是我們想要的嗎？

親愛的女孩，妳有聽過「乖寶寶養成計畫」嗎？

或許自離開媽咪的肚子裡，呱呱墜地後就開始一連串不如妳願的情節出現，或許是媽咪拿著棍子要妳乖乖把青椒吃掉，爸比板著臉要妳多讀書考好學校，全因為那是為妳好，所以「應該要」。

即便懂事以後，也常說出口是心非的話，做出自己不認同抑或不願意的事情，然後帶著別人的眼鏡生活，用別人的眼睛看世界，度數太深造成的暈眩，只怪昨夜自己太晚入睡，度數太淺造成的模糊，只怪自己忘記擦拭弄髒的眼鏡。但是，卻從來沒有人質疑這副眼鏡究竟是不是屬於妳的。

我們總是忘記聆聽自己內心的聲音，早已忘記自己有選擇的權利。然後，繼續低著頭，悶著心，裝個不那麼尷尬勉強的笑臉面具，過著本就不適合卻屬於妳的生活。

這就是大家認識的乖寶寶，只是從來沒有人問他開心不開心。

或許在這次抉擇以後，回顧這一切內心可能浮現一些想法，可能是抱怨，可能是後悔，可能是喜悅，不管那些想法是什麼，都會讓妳的人生過得很不一樣，從來就沒有選擇哪條路比較好，但既然選擇了，就好好的完成它，用心、用眼去挖掘一路上的風景。

人生呀，常常出現很多措手不及的十字路口，強迫妳得當下做出抉擇，會產出什麼樣的結果，沒有人知道。

「Something you will realize only when you do it, when you make mistakes or when you grow up.」

所以呀，不管妳最終的選擇是什麼，親愛的女孩，妳要記得：

有些事情，做了才知道；有些事情，錯了才了解；而有些事情，等我們長大以後才會明白。

即使終點不如所願，但至少一路走來的美麗是任何事情都無法抹滅的

嘎語錄

如果目的地不是最終你所嚮往的那一站，至少一路上的風景是可以自己選擇的。

關於改變

無懼碰觸太陽的勇氣，夢想就會再度發芽。

1-7

我們很幸運地活在一個不怎麼明確的世界裡。
於是，改變，就是理所當然的過程。

〈我們何其幸運〉
維斯瓦娃・辛波絲卡

「是什麼樣的契機，讓妳開始出國？甚至能夠一直出國？」

「妳是從什麼時候開始喜歡旅行的？」

「一直出國，妳家裡一定很有錢。」

這是不論男女老幼，熟識與否，身邊的人最常詢問我的三個問題。但其實我一直到了二十歲，才有了第一次自助旅行的機會。

記得那時候正經歷大學愛情學分被慘當的時期，世界開始灰黑沒有生命力，過了段行屍走肉的生活，一直到某個契機下，好友V在一堂我記不起來的通識課程中，問了我關於夢想這件事。

「我的夢想是環遊世界呀！」我漫不經心的說著。

「那妳目前去了哪些國家呢？」

「一個也沒有。」

「一個也沒有？」

「是啊，一個也沒有。然後我已經二十歲了，人生大概過了至少四分之一了吧，呵呵，好慘。」

「那妳今年寒假就計畫出國呀，我們一起。」

「要去幹嘛？」

「去完成妳的夢想啊！」

後來我們有一搭沒一搭的亂聊，V開始跟我分享她去過的那些地方，那些出現在歷史課本，出現在好萊塢電影裡面的好多好多景點，我已經記不出她去過了哪些景點，但我仍然記得她分享時候的神情，充滿自信以及熱情，那個模樣對比當時行屍走肉的我，實在是天壤之別。

「We are extremely fortunate not to know precisely the kind of world we live in. --- Wisława Szymborska.」我們很幸運地活在一個不怎麼明確的世界裡。於是「改變」就是理所當然的過程。

後來我真的出發了，踏上旅行之後，開啟一連串像做夢一樣的泡泡糖人生，繽紛美好，然後開始有了許多機會，和一些陌生人分享關於環遊世界這件事。

關於「夢想」這詞。

小時候，對於「世界」這字還懵懵懂懂，覺得眼前的世界多彩繽紛，無所畏懼的好奇挖掘，把每一次的發現都作為今日勇敢冒險的寶貝，每一天都像《名偵探柯南》裡的少年偵探隊，稚嫩的身軀裡住著小小大人。

還記得自然課時，拿著的小小種子，跟著老師的腳步來到小樹叢，將手中的小寶貝埋藏在土裡面，每天細心呵護，期望它能快快發芽，於是那個兒提時的小樹叢，有著我們每個人的小小希望。

那是我第一次接觸到「夢想」這個詞。

然後，夢想就可以天馬行空的發芽，關於跌倒，大概就是滑一跤然後拍拍屁股繼續奔跑罷了。

長大後，對於世界這字開始有了逐漸清晰的解釋，眼前的「世界」呈現出清楚的黑白，再也不是小時候鮮豔美麗的樣子了。開始有所顧慮的懦弱膽怯，拒絕每一次重新冒險的經驗，安於現狀的繼續過著不怎麼好但也不差的生活，每一天都像《長髮姑娘》裡的公主一樣，望著窗外的美好，卻還是困在高塔裡繼續欽羨小鳥能自由地飛翔。

踏入職場開始成為世界染缸一部分的同時，帶著滿腔熱血與理念，想要將眼前的黑白世界變得多彩一點，希冀自己開始為五斗米折腰的當下，可以有所成就的滿足腹慾之念。直到第一次挫敗來臨，上司不斷責難、同事視若無睹的冷漠、接連不斷的困難，接踵而來時，裝滿我們對世界的深深絕望。

於是，小小的無力感開始深深的烙印，那並不是我第一次體悟到「現實」這個詞。

小樹叢裡面有著我們兒提時的希望，每個人都曾在那裡種下夢想，隨著畢業後開始淡忘。直到看到別人的樹成長茁壯，反觀自己卻一無是處，開始羨慕別人今日的高度。

記得有人說過：「當陽光趁隙微弱地對著樹叢綻放時，被埋藏的夢想會在黑暗枯竭中發芽，黑暗中的閃耀特別發人深省，前方正是再度踏上夢想的道路轉彎處，如果再度選擇埋藏，那麼十年後那塊樹叢還是一樣沒有自己的足跡。」

我們生活在不怎麼明確的世界裡，每個人都有追求夢想的權利，被現實緊咬不放的脅迫成長，逐漸遺忘初衷的那個自己。

當某天再度與小時候夢寐以求的夢想相遇，完成的那個人卻不是自己時，才發現其實自己並不差。我們都能和他們一樣，但卻因為現實的條件束縛著，因為年齡做不了、因為工作辦不到、因為情人割捨不掉、因為家人放心不下，於是，什麼都做不到。

如果，當你再度和夢想擦肩而過時，請勇敢地跨出第一步。在黑暗中被深藏的夢想，枯竭也罷，只要你還有無懼碰觸太陽的勇氣，就會再度發芽。

嘎語錄

夢想就跟鑽石一樣，還沒被發掘以前，跟石頭沒兩樣。

在北海道遇見的可愛小夥伴

一杯咖啡搭配一整片汪洋

人生旅途

在南半球的靜默與北半球的
自己相遇

1-8

人生的旅程就是這樣，
用大把時間迷茫，
在幾個瞬間成長。

《這世界教我的事》
瑞卡斯

我在水往逆時針轉動的南半球，布里斯本的星空閃爍得和家鄉並無不同，萬家燈火通明，繁華斑離，燈紅酒綠，呼吸著南半球的空氣，想著北半球的事情，是啊！又是一個遠離家鄉的流浪夜晚，夜色迷人，醉醒在人。

這城市沒有屬於我的一隅之地，車水馬龍的街道，川流不息，街道依舊如此喧囂，如此吵鬧，而我只是這城市的一位不知名的過客，但我，樂此不疲。

今天，理當是被景點填滿生活的一天，但後來春天的風喚了我去公園走走，我坐在人工海灘旁的長椅，大部分時間我都是愣愣地看著，腦中不時地跟著風兒擺盪，空空的。而關於蹉跎時間，寂寞與否，早已無從而知，於是乎，就隨它去吧。

我享受這樣無所事事的悠閒，此時此刻的我，一個人。

但我並不感覺到孤單，一點也不。

以前的以前，尤其是漫無目的地遊走在路上，與沉默不語的自己相伴時，腦袋瓜會開始不停地自我對話，通常是自省的最佳時光，忘記從幾何時，開始喜歡這樣的方式，那是忍受孤獨的最佳辦法，在試著與孤單相處後，其實寂寞不可怕，可怕的是人，是心。

是妳，給自己帶來怎麼樣的想法。

或許，真如老一輩人常說，怎樣的年紀會有怎樣的面容，許多話不用說明，妳的容貌會替妳解答。尤其是在旅行的時候，當不稱心不如意的事情接踵而來，妳沒有太多時間悲傷，沒有時間覺得寂寞，妳只是順著命運給妳的指示，體驗各種酸甜苦辣，然後自在地在異地享受自由的空氣，享受一種只有自己才能懂的安靜。

幾年了，轉眼間脫離舒適學生的校園堡壘，進入複雜世界的都會叢林，開始踏上屬於自己的夢幻旅行，慶幸自己踏入一座不怎麼混濁的大水缸，好在水缸與染缸終究是不同的兩樣物體。忠於自己當初的小小念想，心中的天秤總算暫時穩定下來了，至於接下來生命贈與的各種挑戰，就請持續努力下去吧。

「人的一生當中可以擁有好多個二十四小時，但妳的一天當中只會有二十四個小時。」這是在南岸公園發呆不知道時針走了多少個刻度以後，遠方的B在IG限時動態上發布的一句話。就好像鐘聲敲醒了自己一樣，是啊！每件事情都有個優先順序，好讓自己能更加地有效率，只是呀只是，常常是道理都懂，但卻未付諸任何行動，這個懶惰的壞習慣，大概就是從小到大積累而來的吧？

不怕不怕，妳已長了這麼大。

親愛的女孩，當世事如妳所願的方式運行後，請好好珍惜上帝給妳的關愛，這是多年努力後的小小獎勵，一切步入軌道後，請千萬記得，記得當初那個妳，對一切充滿熱情的妳，在踏上未知旅途後，請不顧一切的向前邁進吧！

女孩呀女孩，如果可以，我希望未來的路途能別太一帆風順，接下來的每一步，但願能多點坡度，讓妳能停下腳步好好欣賞身邊的日常，讓妳能更加珍惜抵達每一處所獲得的風景，日子總得有喜有悲，有樂有淚，大概就是妳一貫貪心的想體驗各種感官經驗，彷彿人生扉頁，僅僅劃下橫豎兩筆，便跳下一章節，貌似可惜了些。

但如果可以，但願妳能更加勇敢，這個世界大到妳無法想像，妳永遠無法預測下一秒誰是妳的豐臣秀吉，但也無法預料與妳並肩作戰的他會不會是明智光秀，但妳這匹愛亂跑的馬兒呀，就好好的往前邁進吧，當妳白了頭髮，嘴巴沒牙時，挨著椅上講著故事給小小的兒孫聽時，都會是暖暖的，淡淡的，懷念此時的每一刻。

我們處在怎麼樣的環境，再卑劣都沒有關係，最重要的是，我們朝著什麼樣的方向前進。

就不顧一切得往前奔跑吧

嘎語錄

每個人都有專屬自己的光芒，轉個彎或許會是誰所嚮往的太陽。

隨心而欲

心，會指引你去該去的地方

1-9

我走得很慢，
但是我從來不會後退。

林肯

皎潔的月光如一葉扁舟，在深藍色的夜空裡無盡遨遊，我來到了克羅埃西亞的薩格勒布，一個在出發前我根本不知道它究竟算是在歐洲還是亞洲的城鎮，地面上的積水映著樓房的倒影，星星在一旁閃爍著扮起舞來，我走在克羅埃西亞的首都，想起無數個獨自一人在外的夜晚。

腦袋瓜裡浮現上海、巴黎、義大利、土耳其、巴塞隆納、馬爾地夫、斯洛維尼亞、蒙特內哥羅的場景；我曾被一對來自俄羅斯的夫婦在異鄉毫無條件地溫柔對待、因為看見人生第一場冰雹誤以為是雪而興奮不已、曾和一個澳洲女孩一起在深山露營，曾在距離戰爭僅有幾公里之遠的地方駐留、曾在距離臺灣一萬多公里的異鄉，人來人往的背包客棧無聲地對著前一段感情痛哭……我多麼感激年少時的桀驁不馴，逐步引領我走過了多個城市，拼湊出這樣的我。

在世界流浪的這件事情，在多年以前，曾被視作叛逆，逃避現實。而在多年以後，卻被視為追逐夢想，築夢踏實的勵志過程。慶幸自己當初的倔強與堅定，在這世界上沒有絕對的對與錯，是與非，一體總有兩面。也不是任何問題都只有一個標準解答，即便答案只有唯一解，解題的方程式卻有無限個。

親愛的女孩，不論妳現在處於什麼樣的困境，桌上或許擺滿了各種未完成的報告，日子一如既往地繁忙奔波，還有許多的代辦事項尚未了結，可能在「想要與應要」的平衡還是不太懂得拿捏，或許還有許多棘手的課題等著妳學習，但親愛的女孩，請千萬要記得：記得留一點時間給自己，緊握著拳頭，有時會讓自己一無所有。

泡杯咖啡品嘗最喜愛的下午茶時光吧，可以將近日的瑣碎出清，可以倒空平日的惱人情緒，試著發揮一點點的惰性，有時候呀，偷懶不過就是休息的激進說詞罷了。至少在繁冗堆砌出的瑣碎中，妳還能保有一絲屬於自己的混沌。

鑽牛角尖或執著於某一點的人，是最笨最愚昧的。

好比旅行，不一定要有一個明確的目的地，有時候，旅行也可以是沒有任何目的的。

將腦袋瓜放空，把自己的五官放大，讓眼睛帶領妳想去的地方，讓耳朵追尋美麗的聲音，把妳的腳步放慢，放慢一點，放慢一點點。

心，會指引妳去該去的地方。

「I'm a slow walker, but I never walk backwards.」（林肯）

即便開始時沒有任何的目標或願望也不打緊，誰又知道，妳會不會在無數個黑夜白晝裡，探索的過程中找到一丁點痕跡，縱使當下彷彿無關緊要，但卻有可能深遠地影響一生呢？在我們汲汲營營尋找些什麼，又或者無所事事地探尋著什麼，所有的一切都會有最好的依歸。

總是會有那麼一點什麼留下的。會有的。

嘎語錄

今天，並不急著往哪裡去。

朝著光的那一端

2

成長

grow

關於長大這件事，
走著走著就懂了。

關於長大

「長大」這件事，走著走著就懂了

2-1

嘗試一些事，
遭遇失敗後從中學習，
比你什麼事都不做更好。

馬克・佐克伯

穿著灰黑色的格子大衣，杏黃色毛呢長裙和灰白相間的格子棉衣，脖子上圍著一條柔軟的雪白圍巾，在下著細雨，空氣充滿冰冷氣息的馬德里，暖暖的。不論是心情抑或是身體。

拿著一杯最愛的熱拿鐵，站在縱橫交錯的街道旁，人潮與車輛如流水似的不停流向該往的未知地，推動著具有歷史年紀的古城，邁向早已現代化的國際都市，而我，就站在這個城市的血脈與骨架之間。想起了第一次來到這裡的自己，那個曾讓我傷心欲絕的馬德里。

總算是給自己一個交代了。

是什麼樣的契機走到這裡，確切的原因我也說不清；大概就是兩年前的某一天吧，我還記得我正在西班牙馬德里的廣場，陪著友人逛著快時尚的Zara，一封文字密密麻麻的短訊從手機傳來，詳細的內容早已記不清了，只知道那時候的馬德里，並沒有像蔡依林的歌詞一樣甜蜜蜜，倒是心碎滿地，心情灰漆漆的；當時下著濛濛細雨，我告訴友人想自己靜一靜，於是回到旅社把自己關在房間裡，脫下快時尚的大衣，如同逝去的速食愛情。

然後，過了幾天的黑暗期。我回到臺灣，開始重新練習一個人，習慣一個人吃飯，適應一個人做每件事情，然後愛上一個人的生活。

那時候的天空，從一個小窗景慢慢的越開越遼闊，心開始裝下很多事，生活開始變得很充實，在繁忙工作的同時，依舊從事自己最愛的旅行；一個不經意的下午滑著手機，看見鍾意的城市便買了機票搭上飛機，接著到那個陌生城市住上一陣子，就這麼一個人翻山越嶺，在茫茫人海裡踽踽獨行，在大大的宇宙裡做著稀鬆平常的小小事情，生活，就是這麼一回事而已。

常常有人問起我：「妳不怕嗎？」

「不怕，是騙人的。」

但除了怕以外，我們還能做好多好多事的。因為害怕，所以踟躕不前。因為恐懼，所以停滯不去。因為有好多好多種灰灰黑黑會阻擋你前進或是不讓你長大的一百種原因，一百種自己給自己的理由，然後，時間依然走，日子依舊過，而你沒有任何動作，什麼也沒變。

什麼，也沒變。

當你意識到身邊的人紛紛向前，而你的日常僅僅埋沒在瑣碎叨擾的雜務時，這樣的不變，才是最該令人感到恐懼的。

像是深陷泥淖般持續下沉，當你越發用力掙扎時越陷越深，你得花上好大一番努力，卻仍在原地，之後當你感覺到累了，想休息一會兒的同時，你開始自怨自艾，然後開始接受現實，過著不那麼快樂卻也不這麼困苦的平凡日常，接著泥淖來到了頂的時候，你再也沒力氣反抗了。

說到這兒，你會不會開始重新定義「害怕」了呢？

我常常跟身邊的人分享自己一路走來的過往，沒有顯赫的家族背景，沒有光鮮亮麗的外表或高學歷，但我活得踏實，過得自己覺得還算紮實，生命往往都不是太公平卻也不失公平，常常給你了這些便拿走了那些，好運氣不會天降似的經常光顧你，但握在手裡的收穫是自己一步一腳印的努力。

順遂嗎？還算順遂吧？我曾經跌到很深的谷底裡過著很黑暗的日子過，也曾隻身一人在布滿危險威脅的車站裡，甚至連當天晚上該睡在哪裡都不是很確定，還記得當時的我高燒不退，反覆上吐下瀉，連喝水都覺得好難，那種覺得自己可能闔上眼就可以永遠休息的難耐。

不怕不怕，耶穌保護你

苦過，難受過。

撐過去後，就覺得也沒什麼了。

每到深夜脆弱席捲而來，空氣裡布滿寂寞與孤獨的音符，開始在小小可能五坪不到的空間裡，奏起名為長大的人生樂章，總會有個聲音不斷地提醒自己：

不怕不怕，我們在長大。

嘎語錄

關於長大這件事，走著走著就懂了。

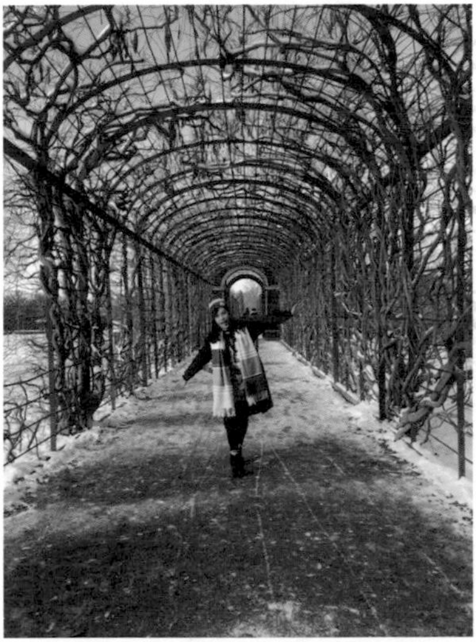

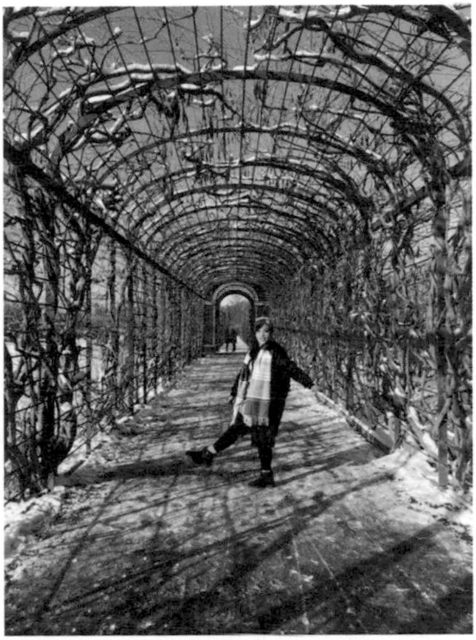

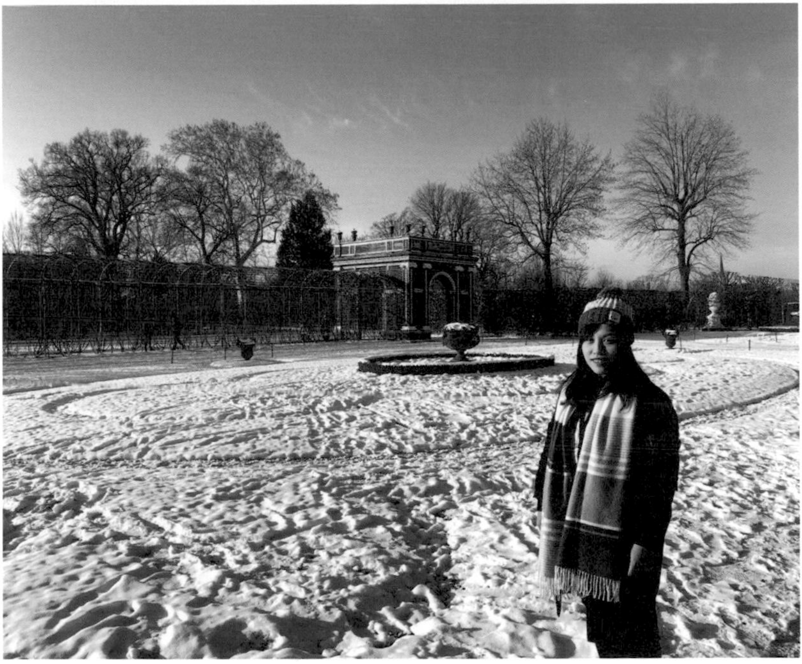

那些在旅行路上的日子

大阪姑娘

灰姑娘的魔法中止於午夜

2-2

走自己的路，

讓別人說去吧。

《神曲》

但丁

灰姑娘的魔法中止於午夜。

屬於我的魔法時間在晚上十點，將一身疲憊換上，踏上大阪最繁華的街道。

走出店外，看見身穿襯衫頭髮布滿髮膠的日本男孩，帶著濃厚腔調努力逗著街上的行人笑開懷，或許還得再晚一些些，他才能卸下早已習慣的微笑弧度；帶著白色編織帽的外國女孩，不論身旁群眾是否多到手機視窗滿了出來，依然興奮的拿起手機與固力果自拍。內心浮上一絲溫暖，曾幾何時，我也曾做過相同的事。

店家開始一個接一個的關起門來，路上的人群並未因此而減少，一旁小弟弟正和爸媽撒嬌，說腳痠了，想要媽媽抱抱；皮膚白得讓人無法忽略的韓國女孩，抹著或許是今夏最火紅的唇膏，提著整天下來的戰利品，開開心心的與身旁友人排著隊伍，儘管前方大排長龍，不知道還得再排上幾小時。我竟不自覺的笑了起來，因為那裡曾經站著年少時的自己。

轉身搭下通往家的那條地鐵，對面月台站著一位手裡拿著公事包，襯衫一邊出了腰，腳步帶點踉蹌的上班族，顯露出剛結束一場應酬的無奈。

坐在搭往回家的電車上，在喧鬧市區的車站，下了一群不論時間多晚，仍然活力滿滿的觀光客，呼～呼～呼～電車駛離紛亂吵雜的心齋橋，車上人群依舊有點滿，但是車廂安靜到，耳邊傳來隔壁男孩的〈Till Kingdom Come〉

「I never felt this way before....」

我一直在想究竟為什麼會來，旅行又是從什麼時候開始成為生活的一部分，再次回到大阪，絢麗誇張的招牌仍然夜夜亮起，我還記得五年前那間轉角不引人注目的老舊書局，買上了一本當時完全讀不懂的日文書，有種說不出來的強烈感受。

耳邊傳來的談話，不再如五年前般，一句也聽不懂的懵懂，但內心卻沒有因為聽懂了而踏實，空空的感覺，有點讓人難以形容，買了杯最普通的咖啡，一點兒也不貴，站在人來人往的空橋旁。

我一直在想「究竟是什麼變了？」

日子不再如觀光客般匆匆得來去，規律的上課上班，在距離臺灣不遠的國家，語言完全不同的城市裡生活了起來，有點佩服自己如水一般的無形，能容在不同城市框架的杯子裡呼吸，在哪裡都能不費半點力氣地適應。

只是不論在哪似乎都少了點什麼，有種無法言喻的感觸。

「And the wheels just keep on turning,
The drummer begins to drum,
I don't know which way I'm going,
I don't know which way I've come....」

時間靜止在午夜十二點，灰姑娘魔法結束後，月亮依舊掛在遙不可及的天空，星星仍然自顧自地閃爍，地球仍舊繼續轉動，這世界並沒有什麼不同。

翻開五年前那本看不懂的書，耳邊傳來〈Till kingdom come〉的旋律

「And the wheels just keep on turning,
The drummer begins to drum,
I don't know which way I'm going,
I don't know which way I've come....」

午夜的鐘聲響起，魔法結束在灰姑娘的童話世界裡。

敬 每個城市裡的仙度瑞拉，世界因妳們而繽紛美麗。

喝一杯吧，這個城市才剛甦醒

嘎語錄

這世上每一個人對於太陽來說，
都是在宇宙間閃閃發亮的光點。

越南越愛

我在距離臺灣 1,700 多公里的國度醒來

2-3

一個真正快樂的人，

是那種即使繞道而行也不忘享受風景的人。

佚名

我在距離臺灣 1,700 多公里的國度醒來，關上依賴慣了的鬧鐘，任性地癱軟在床上，在攝氏三十度的高溫難耐裡，奢侈的開著冷氣，窩在飯店暖烘烘的被窩裡（北極熊我對不起你），今天的幸福，很簡單。

我在距離臺灣 1,700 多公里的國度醒來，畫上一如往常的妝髮，恣意地遊走在街上，在攝氏三十度的烈日高空下，漫無目的的遊蕩，走在沒有半塊陰涼地的巷弄裡，今天的快樂，很平常。

我在距離臺灣 1,700 多公里的國度醒來，在街邊，在便利商店，在被雨水沖刷過的弄堂裡面，我遇見了無數個擦身而過的陌生人，每個人都帶有目的的移動著，步伐或快或慢，表情或喜或悲；來到街邊咖啡廳多如臺灣7-11的胡志明，我喜歡挑選一間裝潢或許華麗，擺設或許單調，飲品或許平凡的咖啡廳，只要它有個落地窗，面向馬路那方，有個舒服的小小角落，讓我能邊觀察街邊的人們，邊想像他們的故事就好；這是我來到胡志明每天必做的事。

於是，我的世界忽然豐富了起來。

我時常在想他們的故事，關於日常生活中那些惱人的瑣事，一定也很困擾著他們吧？或許是這個月大大小小的帳單，又或者是擔憂明天的三餐是否能溫飽，深愛的人是否身體安好，工作上的困難可否解決的了？爾後，便陷入了無止盡的想像迴圈裡，久久無法醒來。

大概就是在汲汲營營的無謂零碎裡，生活可能充斥著滿滿的憂愁，而我們唯一能做的，就只是踏踏實實地認真努力著，歲月一遭可能僅僅是幾十個春秋，在大大的困擾裡，找尋小小的棲息之地，沈甸甸的負擔下，悠悠地慢慢地消化它。

每個人都有著或輕或重的煩憂，心裡都有著或大或小被稱之為夢想的念頭，總是在夢想與現實之間拉扯僵持著。

那就去旅行吧，去個沒有人認識你的地方，說著陌生的語言，如果可以，請試著一個人，帶上需要的物品即可，當你身處異地，開始為了溫飽，為了不餐風露宿睡在街頭而奔波時，你會深刻的體會到，在浩瀚無垠的宇宙中，我們僅僅是一顆小小的螺絲釘，渺小的微不足道，而那些讓你日日夜夜的困擾，就更加的不必要。

也許人生就只是從一灘死水跳入另一灘泥淖的過程罷了，雖然沒有漂亮的華麗登場，或是乾淨潔白的轉身離開，而是切切實實地讓你去感覺去體會，那些零碎串連而成的人生。

甜滋滋的彩色飯

嘎語錄

如果額頭終將布滿皺紋，那我們唯一能做的是別讓它刻在心上。

越南處處都是特色咖啡廳

交通繁雜的越南

關於生活

生活本就可以很簡單，
而快樂是種選擇

2-4

一個快樂主義者首先得有知足的修養，
就是古訓所謂知足常樂。

《古屋》
王西彥

晨光徐徐揭開了帷幕，東邊的地平線悄悄地露出一絲亮光，睜開眼伸了個懶腰，又是一個充滿活力的早晨，這是我在石垣島的第七個清晨，微淡白色的光芒照亮木屋的角落，幾隻鳥兒在窗邊唧唧地歌唱著，像是唱起歡迎來到新的一天的演奏曲，我好喜歡這樣靜謐又充滿生機的日子。

這座小島總是甦醒得很早，昨晚的蟬鳴尚未消散，剛歇下的街燈仍帶點昏黃色的光，透出來的光芒彷彿晨光的折射，層層疊疊有點不規則的協調美，若是平常在臺灣的我，肯定不會仔細注意這樣的場景，大呼大呼的繼續睡，啊！真的好浪費。

石垣島，距離臺灣僅有 270 公里，比去沖繩本島還要來得近，在出發前我對這座小島並不陌生，因為曾搭乘郵輪在此小小一遊，記憶中的石垣島，大概就像是房間內那張多年前的明信片，藍藍的天，白白的雲，好美好美的川平灣，在決定前往沖繩打工換宿時，便毫不猶豫地讓石垣島成為我的第一站。

我來到了石垣島的花谷農園，這裡是達郎先生和友子小姐一手建立的心血，自幼在石垣島長大，對於石垣島有種濃密不可分的情感，由於石垣島是僅次於沖繩島和西表島的第三大島，島上的資源相當豐富，大部分的時候達郎先生和友子小姐都待在島上，天氣好的時候去登登山，賞賞鳥，有時去海邊游泳，有時去河邊釣魚，小小的石垣島裡有著豐富大大的生命力，就連鄰近的沖繩島，達郎先生和友子小姐也是好幾年才去一次。

「地球這麼大，你們不會想去其他地方看看嗎？去其他地方旅行呢？」在得知達郎先生和友子小姐踏出石垣島的次數，不超過五次時，我驚訝地問著。

「旅行，最重要的往往是心境，而非風景。在這裡，也一樣呀。」達郎先生看到我驚訝的表情，笑笑地對我說。

這就像是在課本裡才讀得到的田園生活，閑靜淡然，悠閒自得。也是自小在都市生活的我，一直無法想像，但卻心生嚮往，想一探究竟的生活。

達郎先生是相當典型的日本男生，第一眼看來相當嚴肅，不苟言笑，與人鮮少交談，在嚴肅的外表下但有著一手好廚藝，每天的三餐都是達郎先生一手料理，且對於農業十分在行的他，了解許多花卉植物的知識，白天在工作時，一邊教導我該如何使用器具，一邊告訴我使用此器具的原理為何，但是日文能力欠佳的我，總是一知半解的，聽不是很懂，只能頻頻點頭微笑，稱讚達郎先生很厲害。

「只要用心，植物們都能感受到你的熱情喔！」在歷經幾次栽種失敗感到懊悔時，友子小姐笑笑地對著我說。

在我第一次在機場與友子小姐見面時，友子小姐一直都是笑容可掬，散發著溫暖慈祥的光芒，對我相當照顧；友子小姐得知我的日文能力不好，大多時候我們都用簡單的日文和英文單字做溝通，每當我有不會的單字向友子小姐請教時，她都會停下手邊工作仔細教導我，包含發音，如何書寫等。每一天，友子小姐都會教我一句完整的句子，而我會將它寫下來，反覆地背誦。

「今天天氣很好呢！」

「今天也要一起加油喔！」

在花谷農園的日子相當簡單，生活步調變得很慢很慢，就像是書本上說的，日出而作，日落而息那樣規律地生活。農場裡的每一項農活，雖然得在烈日高照下完成，但絲毫不影響我想要征服整片農田的慾望，赤著腳與泥土近距離的接觸，跟著蛙鳴、蟬叫一同享受大自然的美好，大概就像是想完成小時候過年沒有鄉下可以回去的小小遺憾吧！

我是個城市長大的孩子，習慣城市帶給我的一切，步調、便利、繁華、喧鬧，或許是這個城市帶給你太多太多，每當心煩意亂，擾人的事頻繁地堆疊在分秒間，我就會想起在石垣島那段安閒自得的生活，然後買張可能連目的地位於地球哪端都不甚清楚的機票，踏入人煙甚少的荒蕪之中，靜靜的生活，讓日子悠悠地過，觀察這座陌生城市帶給我的感受。

由於當時屬於秋末將近冬天，我們的工作內容是用塑膠布為農舍鋪上一層衣服，並且為土壤鋪上一層保護，避免植物受寒，導致收成不佳。但因為沖繩的秋天仍屬酷熱，在塑膠布包圍下的農舍，形成密閉烤爐，往往不到十分鐘就能汗流浹背，此時友子小姐總會不斷詢問「還好嗎？需要出去喝點水嗎？」在農舍工作約莫十五分鐘，我就會出去外面透氣，喝口水休息。

總是晴空萬里的石垣島

達郎先生和友子小姐

「總得吃飽喝足，補充水分，才有體力農作啊！」這是達郎先生在農舍裡最常對我說的話，也是我唯一整句聽得懂的話。

雖然只是將農舍穿上塑膠布的衣服，但由於面積過大，重量需要至少兩位男生同時協助才能完成，女生則在兩旁用鐵絲加以固定，一個棚架大約需要二十五到三十個鐵絲固定，工作內容看似簡單，但執行起來可是需要一定的體力，往往一個上午就可以讓整件工作服濕得澈底。

或許是第一次在農場工作，這麼靠近大自然，即使工作服總是泥濘不堪，汗流浹背的，心情卻不自覺地放鬆起來，從不感覺到煩躁，反而有種倒空了所有繁雜情緒的那種快活，流得每一滴汗水都是我們在農舍裡辛勤勞動的象徵，流得每一滴汗水，都是我們為了溫飽的付出。

「先播種，才能有收穫呀！」這是達郎先生在第一次教導我們播種時對著我們說。

「一直重複做著一樣的事情，會不會覺得膩呢？」在開始播種約莫一個禮拜後，我忍不住地問了達郎先生。

「做著自己想做的事，享受生活帶給你的樂趣，怎麼會膩呢？」

「但你不會想去都市看看嗎？體驗都市豐富的生活？」

「這個世界上呀，不是是與非，黑與白，這樣絕對的二分法的。向左向右，從來沒有一個選擇是對或錯的，就好像你選擇了這裡。」

「達郎先生，你有沒有曾經覺得生活很無聊呢？」

「不會呀，你可以選擇讓日子過得格外精彩，讓快樂充斥在滿滿的稀鬆平常。」

一直到現在，即使已走過無數個城市，我都還是很懷念那段頂著烈日工作，揮汗如雨下的生活，簡單卻讓人感覺充實的日子，快樂得好平常。

我在花谷農園的日子

嘎語錄

生活本就可以很簡單，而快樂是種選擇。

莫忘初衷

她從未想過改變世界，而是努力地不被世界改變

2-5

不要只是飛，
展翅翱翔吧！

《小飛象》

認識真知子小姐是在畢業的第二年夏天，在我申請日本打工度假簽證失敗二次後，我來到了沖繩，來到了西表島，來到了草木染，在那裡度過了快樂的換宿時光，做了一場像棉花糖一樣甜甜地夢境，久久不願醒來。

儘管西表島距離臺灣僅僅只要 200 公里，但對當時的我來說並不是那麼輕易到達，你得先搭飛機到沖繩，然後再轉機到西表島，在我出發的那年，沖繩直航桃園的廉價航空一天僅有一班，而接軌到西表島的班機也是寥寥無幾，要前往草木染更是要搭乘兩班公車，因為位置偏遠，光是單程公車的費用就已超過一趟機票的價格。

還好，真知子小姐來機場接我。

「歐嗨喲，嘎嘎醬！」步出機場大門就聽到真知子小姐親切的招呼聲，身穿布袋似的棉麻洋裝，麻繩編織的夏日涼鞋，搭配萬用文青必備的帆布袋，「Check, check!」默默在自己對典型沖繩人的刻板印象清單內，一一打勾。真知子小姐根本就是從電視劇走出來的日本森林系女孩嘛！

真知子小姐是東京知名設計學院的高材生，她放棄在東京高薪的工作，在一九八一年和朋友一起合夥開第一間草木染（PURA），由於手工藝品一直在日本廣受好評，在那霸市的國際通、石垣島，以及許多手工藝品店都能看見草木染的產品。之後真知子小姐陸續又開了兩間草木染，分別在沖繩本島的南城市與西表島上，而我後來也有幸造訪了南城市的草木染。

「妳不會想在東京開店嗎？感覺那裡可以賺到更多錢，賣出更多的產品。」再一次談話中，得知真知子小姐是東京人時，我好奇的問著。

起初我還以為真知子小姐和花谷農園達郎先生、友子小姐一樣是沖繩人，所以才在家鄉開店，在幾番談話後，得知出生在東京的真知子小姐，不習慣都市的冷漠，覺得城市步調快速得令她喘不過氣，因為沖繩的氣候比東京溫暖，居民也相對熱情，便移居了沖繩。傍晚時分可以散步至鄰近的海邊看夕陽，或是沿著登山步道前往觀景台，喝杯咖啡休息一下。

「做自己想做的事，說想說的話，依照自己的步伐生活，才真的是生活。」真知子小姐一直信奉著「愜意步調」才是體驗生活真正的意義。

草木染的每項商品都是手工做的，舉凡沐浴時所用的手工肥皂，平日穿著的衣物服飾、包包、吊飾等，就連草木染的名片，都是真知子小姐手工刻的橡皮章，一張一張蓋的。所有的原料都來自於大自然，不添加任何化學原料，雖然費時，但真知子小姐卻相當堅持。

「只要你用心的設計，顧客就會感受到你的心意。」

後來開了兩間店的真知子小姐，時常在西表島與南城市兩地跑，忙碌奔波的程度，絲毫不比在都市開店還少。有時看到她深夜回來，清晨又開車趕去搭飛機，舟車勞頓的，看了我都覺得累了。

「那妳不會想回到家鄉嗎？現在這樣搭飛機兩邊跑，比待在東京開店還累呢！」

「不會累呀！至少忙碌的成分很單純。」

「是因為東京的交通太複雜，還是因為城市太擁擠了呢？」

「不是東京太複雜，是人把東京變複雜了。東京或許有點擁擠，但人的心啊，讓東京更擁擠了呢。」

「但如果在東京，可以讓更多人知道真知子小姐的作品呢。這樣不會很可惜嗎？」

「值不值得，是由自己定義的。東京有太多干擾了，設計呀，應該要回到設計的本質，越華麗的包裝，只會模糊了當初想要傳達的意義。」

「嘎嘎醬，妳的夢想是什麼呢？」

「我喜歡旅行，我想要一直旅行，然後讓身邊的人跟我一樣喜歡旅行。」

那天晚上，我們說了好多好多話，聊著我最愛的旅行，真知子小姐最愛的設計，在我們的心裡都有各自的夢想，而我們正一步一步地實現它。平常，可能因為日文還不是很熟練，對於真知子小姐說的話，有點似懂非懂的，但也許是頻率對了吧，在那一晚我好像真的聽得懂真知子小姐想要說的話。

一直到現在，即便自己造訪了許多城市，都還是很感謝自己一路走來的堅持，守護最初的夢想繼續前進，不論氣候再嚴酷，路途再艱難，咬著牙苦捱，那些殘破不堪的困難終將過去，在想去的道路上，發揮自己的小小光芒分享給每一位朋友，把握每分每秒讓自己活得繽紛跟精彩。

有時候旅行如同雲霄飛車般，在快要結束的路段突然驟降，一連串的考驗，如同健達出奇蛋般，好突然好驚喜，然後常常搞得灰頭土臉，體力不支卻總樂此不疲。

「未來是屬於那些相信夢想的人。」

旅行從來都不是為了要證明自己多勇敢或多厲害，就好像真知子小姐捨棄了可能讓她大紅大紫的東京舞臺，在一個有點偏僻也不怎麼熱鬧的小島上，堅持自己當初的念想，發光發亮。

之後，我出版了一本關於在沖繩生活的書，寄了封信給真知子小姐，感謝她當初的照顧，就在我即將出發前往柬埔寨的那天，收到了來自西表島的明信片。

真知子小姐

親愛的嘎嘎醬：
今天一樣充滿活力嗎？
很高興嘎嘎醬完成了自己的夢想呢！真知子
很喜歡為了目標認真的嘎嘎醬喔！
在夢想這條路上，有可
能妳會遇到很多困難，
但不論多遠，哪怕多
長，終究會有人看見嘎
嘎醬的光芒。繼續向著
光亮的那頭前進吧！
記得跟自己說：不怕
不怕，妳是充滿活力
的小太陽。

真知子小姐寄來的明信片

願我們都仍在想要飛翔的道路上，一路順風。
願妳的心在金光閃爍的現實底下仍澄淨如雲。
願妳我仍是那個小時候想成為的那種大人，那
種我們都很喜歡、很崇拜的大人。

嘎語錄

心中有個想要的自己，就知道該往哪裡去。

草木染裡都是全手工藝品

我在草木染（pura）的日子

地鐵觀察

於是世界忽然慢了下來

2-6

用心聆聽你內心的聲音，
你就會明白。

《風中奇緣》

寒冷的冬天就這麼悄悄地來臨了，開始恢復它該有的樣貌，在一個不怎麼冷的冬天，我來到了義大利，一個會下雪的城市，而我的冬天，就這麼來了；一如我們以往對它有的印象，冷冷的，毫不客氣的；風把人吹得鼻凍臉紅頭疼，似乎怕別人把它忘記似的，是有那麼一點自我，那麼一點孤傲，像是孩子發現別人注視時，開始亂丟玩具哭鬧著吸引注意，好不可愛。

於是日子忽然慢了下來。

不知道是天氣凍得手指發紫，關節凍化以至於手指不聽使喚，還是天氣寒得把腦袋吹得脹脹的，人有點發懶；整裝完畢後，便出門探險了；腳步緩慢地踏上地鐵車廂，走到習慣的位置坐下，一個方便觀察四周的位子，好好觀察。

每到一個新的城市，我特別喜歡通往上班的地鐵車廂，或許是睡得太晚，十點一刻的地鐵裡人潮並不擁擠，不論你的前面是否仍有人排著隊，你總是能找到一個位子坐下，然後好好的觀察，在腦袋還沒被瑣碎填滿的時候，好好觀察。

車門打開了，一個西裝筆直打扮得體的男子，面無表情地搭上通往曼佐尼（Manzoni）的某節車廂，他的樣子看起來像是有車的人，開始好奇他怎麼會出現在地鐵裡，在一個上班族應在辦公室工作的時間，出現在這個車廂，與我相遇，儘管我們並不認識，關於我怎麼想，他也並不在乎。是的，我太主觀了，沒有人應該是什麼樣子，或是應該成為什麼樣子；從小到大我們總是被灌輸著何謂對錯，被教導著，黑色應該是黑漆漆讓人看不見的，白色就應該是亮晃晃充滿希望的，收起十萬個為什麼，不帶半點質疑，就這麼長大了。

當車廂再度打開的同時，那個體面的男子下了車，毫不留戀地走出車廂，在這共處的短短十分鐘，和所有人擦身而過，然後我的小腦袋瓜就這麼在想像的小宇宙爆發，他一定有一個目的地，而此時的他又該要往哪裡去？在這個有點冷清但仍就帶點人味的車廂裡，每一個人都有一個目的地，從哪兒來，又該往哪兒去。

偶爾會有三五成群的小團體一起上車，他們大多會站在靠近不會打開車門的那邊，開始談起彼此才聽得懂的談話，時而歡笑，時而打鬧，也許他們是剛下課準備去聚會的熱血大學生吧？如同幾年前的我一般，多年前的你一樣，他們一定有一個目的地要去，至於在哪裡，答案並不重要。

地鐵好像一齣齣沒有終點的舞臺劇，載著一節又一節的精彩劇本，就這麼直愣愣的開往目的地，主角們上了車，下了車，沒有彩排的停留，他們大多彼此都不認識，也並不交談，就這麼靜靜得坐在位子上演屬於自己的故事，在一個不怎麼特別的時間裡，持續演出。

那些人們，那些搭上地鐵的人們，是不是也和我一樣呢？通往終點後認真的舞動，揮灑青春，再搭上反方向的車廂，兩點一線，回到屬於自己的休息室，等待演出。

於是車廂忽然慢了下來，如同近幾天的日子一般。

我坐在曼佐尼搭往前往特米尼車站（Termini）的路上，到站了，車廂緩緩得打開車門，身旁打扮亮麗的妙齡女孩起身拾起包包，回頭查看有沒有遺漏的物品，像是為這節演出回頭致意，然後轉身離開。

我也得下車趕場了。

車門緩緩得關上，通往終點的地鐵車廂仍舊直愣愣的開往。

曼佐尼（Manzoni）地鐵站

嘎語錄

人生終究沒有什麼事情是過不去的，
倒是那些終究也都回不來了。

羅馬競技場

關於尊重

一味著注視前方，會忘記
腳踩何方

2-7

我們的驕傲多半是基於我們的無知。

《金色筆記》
多麗絲．萊辛

「如果有一天可以，妳一定要去認識一下猶太教，那對我們來說是個很不一樣的世界。」還在旅行的Ｈ，從話筒那端落下了這麼一句話。

我們是在一次志工活動裡認識的，來自舊金山的Ｈ在工作十年後，賣掉家鄉的車子、房子，一個人帶著一些錢，就這麼踏上了環球旅行。

「那你最推薦哪一個城市？」好奇的我不假思索地問了Ｈ。

對於旅行經歷豐富的他來說，肯定造訪過很多不一樣的城市，即使我知道每種城市都有獨一無二的獨特魅力，常常別人問起我相同問題，我總是很難回覆他們，但我還是問了。

「每個城市都是很特別的，但最讓我印象深刻的不是城市，而是信仰。」Ｈ在聽完我的問題後，立刻毫不猶豫地回答我，彷彿這一題他已經被問過千百遍一樣。

「我在旅行時也常常看到猶太教的人呀，但除了穿著與飲食，好像沒什麼特別的。」在旅行一段時日後的我，對於Ｈ給予的答案，覺得有點普通，甚至感到一點失望。

現在回想起來，那時候的自己，真是自大地可笑。但或許是這樣的一個念頭一直深植在我的腦海中，在一次的機緣下，我去了以色列幾週。

以色列，一個在出發前對我而言，仍屬陌生的城市。

在尚未出發前，對於以色列這個詞能所想到的關鍵字，大概就是「猶太教、戰爭」這幾個詞語罷了。在多年旅行後的我，再出發到下一個城市前，頂多上外交部領事事務局的網站看一看目的地是否需要簽證，再不然就是看看旅遊警示的顏色，如果目的地呈現紅色警戒，就不前往，至於其他顏色就放在心上，凡事注意就是了。

「加薩走廊別去，其他的地方看起來滿安全的。」看完色塊標示後排除危險的疑慮，便整理了行李，前往以色列特拉維夫國際機場。

踏出機場覺得印象中的以色列，與實際上的並無二樣。太陽像個大火爐一樣，把大地烤得發燙，就連空氣也是熱烘烘的，只要一動就會渾身冒汗的那種。天空中沒有任何一絲雲朵，頭頂上一輪烈日，沒有一點風，一望無際的黃沙，與一棵棵無精打采地、懶洋洋地樹木站在那裡。就像是走進了一個無聲的世界，沒有生氣，但你能感受到這個城市，一定有什麼事情正在發生著。

抵達特拉維夫時正好是週五下午，友人Ｒ來機場載我回旅館時，一邊開車一邊和我解說以色列一些比較特別的習慣，叮嚀我在旅行時千萬不能觸犯，而對於才剛搭乘長途飛機的我，疲倦到腦袋瓜嗡嗡的，壓根兒沒將他的話聽進去。

我們住在距離海邊走路僅需十分鐘的度假猶太飯店，在Ｒ正在上班的同時，我一個人步行到了海邊旁的咖啡廳。

「就隨便挑間看起來順眼的餐廳坐下吧。」禁不住烈日曝曬，渾身感到疲倦彷彿剛睡醒一般，腦袋昏昏沈沈的，只想找個涼快的地方坐下。

走進了轉角的一間餐酒館，挑選了戶外有陽傘遮蔭，面對海邊的座位，可以靜靜享用餐點，邊觀察這座城市的人們，週六上午的海邊十分安靜，就連風扇搧動翅膀的運轉聲都聽得清清楚楚，沒有吵雜的喧囂，取而代之的是咖啡廳播放優雅緩慢的輕音樂，這個城市安靜得彷彿連蝴蝶振翅都聽得見的那種。

「請給我一個漢堡和一杯咖啡拿鐵。」飢腸轆轆的我，飢餓已讓我失去了理智，等不及細看菜單，便點了一個自以為安全的餐點，應該所有咖啡廳都有的萬年不敗組合。

「我們只有咖啡，沒有拿鐵。」服務生面無表情地回答我。在那一刻，我感受到了他的一絲不悅。

「那就奶茶吧，我要冰的。」

約莫十五分鐘的時間，我的餐點來了。新鮮的生菜搭配辣味十足的洋蔥，鮮嫩多汁的牛肉，以色列的漢堡實在是好吃極了，就在我大口享用漢堡，一邊將牛奶倒入冰紅茶攪拌準備暢飲的同時，我感覺到四處有不少眼睛注視著我，一種不是很友善的眼神。

大概又是對於亞洲面孔好奇，或是又以為我是來自不太有禮貌的國家之類的吧，偶爾我去到一些觀光客甚少的國家，也常常像是動物園的猴子一樣，對於這樣的注視禮，早已習以為常。

「牛奶和肉不能一起吃，這是他們的禁忌。」穿著襯衫的陌生男子對著我說。

「這是他們的禁忌。」周圍安靜得彷彿時間靜止一般，任何一個動作都能夠將此刻的寧靜擊破，耳邊不斷反覆播放著隔壁陌生男子的叮嚀，在聽完的那一刻，我很想鑽進地洞裡，把自己活埋算了。

「對不起，我不知道。」正在愧疚，覺得自己丟臉到家的同時，我擠出了這幾個字。

後來我們聊了起來，來自美國在以色列外派的B，在以色列已經好段時日，他笑著告訴我肉類和奶類不能混著吃這件事，當時他也鬧了好大一個笑話。

「妳在以色列餐廳肯定找不到半間賣拿鐵的！」B一邊和我解釋禁忌的由來，一邊笑著安慰我。

據說這項禁忌來自於猶太聖經：「不可用山羊羔母的奶煮山羊羔。」大意就是每個人都該要有悲憫之心，沒有人願意接受自己的孩子被原來應該拿來餵孩子的奶一起烹煮。之後便延伸成肉與奶不能混著吃，所以許多販賣肉食的餐廳，通常不會提供加奶的咖啡、蛋糕、甜點等，這也是為什麼吃遍以色列餐廳找不到半家賣「正常拿鐵」的原因。

在那一天，我們繼續聊著我最愛的旅行，聊起是什麼樣的契機讓我踏上這一步。就在B一個又一個的為我解說這一路走來為什麼如此安靜的原因時，耳邊傳來一陣輕輕地風，把地中海的炙熱稍稍降溫了。

後來我們聊了好多好多，但具體的內容我也不太記得了。

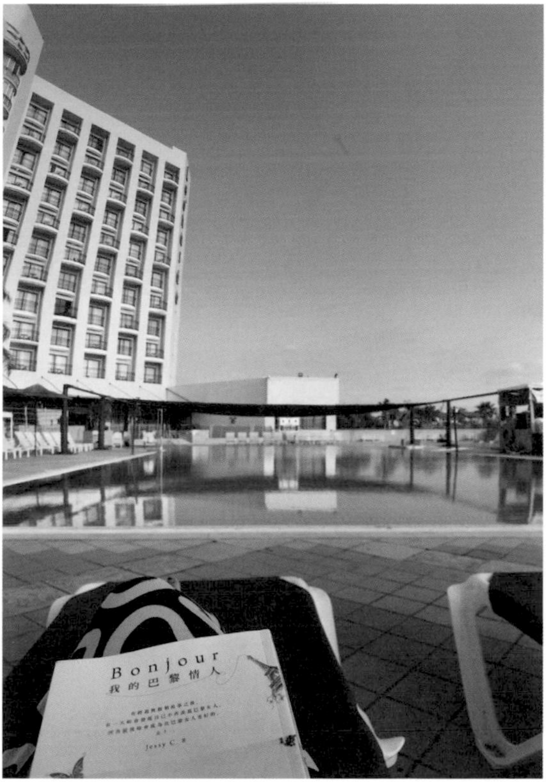

猶太度假飯店—李奧納多飯店

B

但我好像開始可以理解H為什麼要我來認識猶太教了，即使在走過這麼多城市的我們，對於世界來說，我們依舊是如此無知又渺小。

嘎語錄

你以為對眼前的一切已瞭若指掌，
在偌大世界裡你只是隻井底之蛙。

這個城市的信仰

3

愛
love

純粹的喜歡做一件事，
義無反顧地努力一次。

簡單的愛

簡單是最高級的複雜

3-1

簡單是最高級的複雜。

達文西

「歐嗨喲、嘎嘎醬。」帶著清亮嗓音，總是穿著格紋襯衫搭配圓領毛衣的M先生，笑咪咪地對著一臉睡眼惺忪的我說。

M先生是我在沖繩打工換宿的第三個雇主，臉上總是漾著親切和藹笑容的他，是我在沖繩最重要的家人之一。管理一棟三層樓的民宿，純白的外牆是他最引以為傲的顏色，「即使歷經風雨的洗刷，讓民宿保有當初的潔白是我的責任。」帶著輕鬆笑容卻認真的這麼說著。

還記得當初準備投遞履歷的時候，我連日文的五十音都還背不太熟，M先生的民宿是在沖繩相當熱門的打工換宿之一，在我寄出中、英、日文誠懇又自覺文情並茂的自我推薦信以及履歷時，我並不抱著任何期待；「大概又是和其他封信件一樣石沉大海吧？」一臉落寞提不起勁的我，繼續上網搜尋願意接納僅會英文的雇主。

沒想到，就在隔天我收到M先生的信件，他很抱歉因為我申請的日期職缺已額滿，沒辦法再另外接納一個人，但在日本新年以及聖誕節的時候，還需要一位小幫手，如果我願意的話可以選擇那時候過去。收到M先生的回覆後，我很快地調整了在沖繩的行程表，並回信感謝他的邀約，說明我會如期前往。

位於電車旭橋站的たつや民宿是我在沖繩的第二個家，潔白外牆的たつや，也是我和另外一個小幫手姊姊的白色天堂。たつや有三層樓，五間客房，還有一間是我和小幫手姊姊促膝談心的祕密基地，一樓是客廳與飯廳，還有M先生的辦公區與房間，廚房則是M先生施展魔法的場所，對生活品味極為要求的他，在意生活的每一個小細節，包含每一頓餐點，小至食物的調味，擺盤，甚至是哪些食材應該搭配哪些碗盤，餐具擺放的地方等，他曾說：「食物應該是吃食物本身的原味，我們不應該再多添加調味料去破壞它；人生也是。」我想我永遠也忘不了那時候M先生說這句話的神情，那種眼神堅定，語氣卻很溫柔的他，像是叮嚀自己的女兒一樣。

還記得那時候，沖繩的天空總是很藍很藍，在たつや換宿的時光過得很快很快，快樂突然變得很簡單，生活也不再那麼的令人喘不過氣，每天早上和小幫手姊姊說說笑笑的走上三樓，談起那些無憂無慮的換宿時光，如同手上的草莓果醬，酸酸甜甜的，我們都很喜歡；泡上一杯熱騰騰的咖啡，前往一樓飯廳享用，貼心的M先生會放上沒有歌詞的輕音樂，搭配妻子指派作業的《實用英語500句》，我們則是在旁翻開今日報紙的特價頁面，看看哪些品牌今日折扣下殺，或是看看報紙中夾雜的廣告傳單有沒有新開的餐廳，一邊吞下每日的幸福早點，一邊盤算著下次休假要請M先生帶我們去哪裡玩耍，就這麼靜靜地、悠悠地度過了早晨時光。

我們的工作內容很簡單，就是將每日退房的房間打掃乾淨，如果今天沒有退房的旅客，小幫手們可以獲得休息勳章，到中午用餐前都是自由時間，我和小幫手姊姊就會騎著M先生的白龍一號與紅火二號去探險，去看看早上廣告傳單的特色小店，中午前回來享用M先生幫我們準備的美味午餐。

M先生是位講究生活情調、廚藝精湛的紳士，他的妻子久子小姐曾在英國修得學士學位，在沖繩擔任翻譯與大學講師，後來則是在澳洲繼續攻取學位。久子小姐給人感覺相當嚴肅，不苟言笑帶點酷酷的形象，和臉上時常掛滿笑容的M先生不同，由於久子小姐英文很好，晚上與房客一同聚餐聊天時，時常擔任我們的翻譯，分享房客的趣事給我們聽，在民宿換宿期間正好是久子小姐放假的時候，這也是我第一次度過了「終於完全理解」雇主指示的換宿時光，在我連五十音都還不太熟的時候。

做事講求原則的M先生，總是笑咪咪眼睛瞇成彎彎月亮的模樣，說話輕聲細語，柔柔細細的，就像他照顧旅客和照顧我們一樣。週六晚上是居酒屋日，M先生時常邀約旅客一同前往居酒屋用餐；非常喜愛喝酒的M先生曾說：「美味的佳餚，配上一杯好酒，才是人生最幸福的事情。」但隨著年紀增長，為了身體著想，除了每天下午固定運動外，更約束自己要少喝點酒，於是每週日成了M先生的戒酒日，這一天M先生都不能喝半滴酒，晚餐時也只能喝可樂替代，時常可以聽見M先生晚上哀號不能喝酒的聲音，然後我和小幫手姊姊會去冰箱拿最好喝的沖繩Orion啤酒，套著杯套遮住瓶身的標誌，一口飲下M先生微微小小的渴望，一邊唱雙簧的轉移M先生的淡淡憂傷，那時候的快樂很平常。

由於久子小姐長期在澳洲讀書與工作，和M先生分隔兩地，感情濃厚的他們，每天都會視訊一個小時，M先生會和久子小姐介紹新來的小幫手，或是向她分享最近旅客的故事，儘管一個位在北半球過著炎炎夏日的海島生活，一個處在南半球過著天寒地凍的留學生涯，距離並沒有因此困擾著他們，反而給了他們一個戒不掉的甜蜜習慣。

「不會希望久子小姐常常在自己身邊嗎？最好是每天都看得見彼此的那種。」住在白色天堂的第二週，我鼓起勇氣問了M先生我一直很想問的問題。

「當然會呀！但是這是享受結果的必要之惡，人生本來就是會得到些什麼，再失去些什麼呀！等妳以後遇到了，就會知道了。『Simplicity is the ultimate sophistication.』」戴著老花眼鏡，看著《常用英文諺語》看得有點吃力的M先生笑著對我說。

「那如果很想很想久子小姐的時候，該怎麼辦呢？是不是會有點悲傷？」

「只要把她別在我的胸口上，無論她在何處，我都能以最近的距離感受到她。」拿起胸前口袋裡的那張照片，M先生笑了，只是這個笑容和以往不同，帶著滿滿的粉紅色。

「那你會不會很後悔讓久子小姐去澳洲唸書呢？」繼續打破沙鍋問到底，像是孩子吵著爸爸說晚安故事一樣的我對著M先生說。

「人生啊其實很簡單，妳得一直不斷地做選擇，然後要記得，永遠不要後悔當初做得那些決定。」M先生放下了手邊的英文諺語書，摸著我的頭笑著對我說。

之後的事情我已經記不太清楚了，結束在白色天堂生活的日子之後，我前往了下個祕密花園。

偶爾會和M先生通信聊聊近況，直到我們都開始被日常的瑣碎填滿了每一天，後來過了好長好長的時間，M先生跟我說：「久子小姐從澳洲畢業了，現在可以每天看到她了！」

雖然我不知道M先生當時說這句話的神情，不過我想我大概可以想像，一定是漾著滿滿笑容很幸福的表情，帶著淡淡的粉紅色。

「簡單是最高級的複雜。」

愛，不一定要說出來

嘎語錄

最美麗的語言，不一定要用嘴巴實現。

M 先生與九子小姐

廚藝精湛的M先生

關於愛情

那日我同時遇見了貧窮與富有

3-2

閃光的不一定是金子。

《威尼斯商人》
莎士比亞

「我是個很吝嗇的人，我的心只願意給一個人，我愛得很節儉，卻也愛得很樸實，一輩子啊！也就愛一個人就過完了。」喝著自己摘種的薄荷茶，K先生若有所思地看著窗台旁的相框對著我說。

K先生是我在沖繩換宿時的雇主，起初在換宿網站看見雇主家庭介紹時，K僅簡略寫下單身男子與一條狗，對於當時獨自一人換宿的我來說，是壓根兒都不會選的。「一個女孩子去，太危險了。」腦海裡傳來一個小小的聲音，正提醒著自己。

對於長久獨自一人旅行的我來說，降低所有不安全的因子，不讓自己曝曬在危險當中，是保護自己最好的方式。但，K先生的評價實在太高了，過往換宿者的經驗都給幾乎是滿分的評論，而從照片看起來，換宿者不僅度過許多美好沖繩時光，K先生看起來也是滿和藹可親的。

「好吧！就去試試看吧！如果真的發覺哪裡不對，就立刻轉身離開。」

當時，我實在找不到其他符合時間，又符合心中要求的雇主，打開電腦瀏覽了至少三遍換宿網站後，才下了這個決定。

沖繩本島說小不小，但移動起來確實挺費勁的，因為島上的居民大多開車，大眾運輸並不普遍，對於當時還不會開車的我來說，要前往K先生的換宿地點，實在是有點頭疼。

在下載完沖繩地圖後，Google Map 告訴我約莫要走七個小時，呼，慢慢散步觀賞這個小島也是挺不錯的，再下定決心後，便寄了封信告訴K先生我大約會到的時間。

「我那天有事要出去一趟，我讓另外一個換宿的小夥伴去接妳吧，他也是來自臺灣的喔！」再收到K先生的郵件後，內心瞬間放了好幾個小火花，一來是不用走路，可以輕鬆到達，二來是因為原來還有另一個夥伴，這樣我就更放心了。

「耶！太幸運了，這大概就是我這個月的小木定律吧！哈哈！」內心止不住興奮又雀躍的心情，在即將前往換宿的前一晚，我高興得睡不著覺。

來接我的是來自高雄的A，濃眉大眼搭配俊俏的臉龐，倒三角的健美身材，即使穿著沾滿泥濘的雨鞋，仍然不減他的帥氣，在第一次看見A的時候，暗自竊喜地期待接下來的豔遇時光，噢不，是換宿時光。

換宿的工作其實很簡單，每天早上會和A一起去K先生的果園裡採採果子，摘摘薄荷葉，泡杯趕走瞌睡蟲的薄荷茶醒腦，搭配現搗的果醬吐司，開啟我們小園丁的一天。接著和K先生一起到果園裡，施施肥、鬆鬆土，搬搬紅土磚，重新妝點一下果園的擺設，好幾次我搬著同一盆盆栽，從東搬到西，從南搬到北，再從果園的邊邊搬到果園的中間，那時候總覺得K先生是因為沒什麼事情只好隨便找個差事讓我做，在一個一如既往，平凡的午後，止不住內心的好奇，問起了K先生。

K先生告訴我：「種植呀就跟人生一樣，妳得不斷地翻攪，即使弄亂或是重複也不打緊的，最怕的是妳不理它，忽略、視而不見可是會致命的。」

標準水瓶座又是好奇寶寶的我，時常天馬行空的問了K先生許多問題，我喜歡和K先生聊天，不是因為在小島沒有其他人可以對話，而是K先生常常說出許多發人深省的話，就像是《靜思語》似的，蘊藏濃濃的人生哲理。

噢，但我也很喜歡和A聊天。

不論什麼時間看到他，總是笑得滿臉開懷，彷佛自己就是個小太陽，在他身邊總是感覺得到陽光、源源不絕的活力與永無止盡的溫暖。我最喜歡吃完晚飯後，和他們一同在看得見外面星光的屋簷下，泡著濃濃的茶，解解晚餐的油膩，談談人生的點滴，也是那個時候讓我更加了解眼前的兩個男人，即使在同個地方做著同樣的事，說著同樣的話題，勾勒出來的畫面竟是如此地不同。

在幾次的夜晚談心後，發現幾乎每個認識A的女孩子都曾經喜歡過他；貼心的舉動，具有穿透人心，征服一切的自信魅力，只要他對著妳微笑，大概所有女孩子的心弦，都被撥亂得亂七八糟吧？當然，我也，不例外。

但認識A再深刻一點點之後，就會隨著時間開始與他保持一個適當的安全距離，我還記得那是個豔陽高照的午後，我和A一如往常地在果園裡進行翻攪大賽，習慣性的各據一方專注在眼前的山苦瓜上，有一搭沒一搭的聊著昨晚他在臉書上和那位暗戀過他的國中同學的對話，聊著他們如何從國中、高中、大學，甚至出社會後還碰巧在同間公司的奇妙緣分。

「那後來你們又相遇了，怎麼沒有在一起呢？」對於這一連串實在太巧太有緣份的連續劇碼，我實在是很好奇。

「她啊，常常說我像太陽，身體自然散發著陽光男孩的氣息。」A邊說著，邊擦拭額頭上的汗水，嘴角呈現一貫的四十五度。

「但日久恆溫啊！容易燒了感情，也許是我的溫暖，時常會不小心燙了身邊的人吧？」他邊說著，邊低頭看著眼前挖空了的小土堆，眼神散盡了所有色彩，那一瞬間，我突然不想成為太陽了，原來光芒四射的背後，竟是白茫茫的一片寂寞。

我記得有好幾個夜晚，我們三個常常聊到清晨，從旅行到生活，從過去到未來，我們什麼都聊，聊到手中的濃茶早已空盡，卻仍感覺不到一絲口渴，時而歡笑，時而爭論，大多時候我們的價值觀都挺相似的，唯獨感情這塊，我們三個卻是如此地不同。

那天，我們談起關於一輩子的話題。對於A來說，不論適合或相愛與否，下半輩子肯定是要找個伴侶過的；而我則是認為，如果真的沒有遇到對的人，那我寧願一個人。而當A問起K先生為什麼不再找個伴過下輩子時，K先生微皺起眉頭，抬著下巴望著遠方的星空說：

「我和咲良（SAKURA）有過約定，在搬來沖繩時，我們曾經說過：『一輩子只愛對方一個，來到遠離城市喧囂的沖繩，兩個人簡單地過一生。』只是，她提前過完了。」

「一屋、兩人、三餐、四季，就這樣簡單地過一生。」

在星空閃爍的那個夜晚，我的腦海反覆播送著K先生的誓言，這樣堅守承諾的舉動，比眼前的星空美上好幾百倍。

後來具體的細節我已記不清了，只記得當時的天空很遼闊，星星依舊閃爍，在K先生的心中依舊有塊小小的黑洞，但我們彼此都知道，此時此刻的我們快樂得很富有。即使事隔幾年的今天，每每想起那段時間的換宿生活，嘴角總是會不自覺得向上提起，後來喝的薄荷茶，不管價格多麼昂貴，總是覺得少了點什麼。

大概是，懷念那裡的人吧？

嘎語錄

傷心不僅有哭泣的模樣，而時常大笑的人不代表他不懂得憂傷。

在 K 先生家換宿的日子

天氣好時我與 A 會一同去附近踏青

意料之外

我們總是愛上從未想過的那個誰

3-3

找不到對的人，

其實很可能是改不掉錯的自己。

佚名

二〇一六年的春天，我放棄了所擁有的一切來到了廣州，過著一段為了愛情，把自己囚禁在不屬於自己的城市裡苟延殘喘著。

二〇一六年的秋天，我搭著一列載滿乘客的火車，風馳電掣般衝向了未來，就像脫韁野馬似的往前奔馳著，我還記得離開傷心地的那天，火車行駛時發出轟轟如同爆炸的聲音般，像是大聲斥責自己過去的忍氣吞聲，強顏歡笑的度過一段曾以為幸福的生活；也像是過年施放鞭炮般，祝賀自己逃離了身陷囹圄的苦難，逃出了以愛為名的牢籠。

「請問妳也是到香港嗎？」身邊傳來一個帶著磁性，低沈渾厚的嗓音。

B是那段路上坐在我旁邊帶著黑框眼鏡的清秀大男孩，大概是因為同是天涯淪落人的惺惺相惜，都剛離開一段感情的我們，一見如故的聊起了愛情，唯一不同的是，我逃離了，而他正要回頭爭取。

B和他的前女友C正是在廣州通往香港的列車上相識，因為當時C手機沒電向坐在旁邊的B借了手機充電線，或許都是隻身離鄉背井，懷著夢想來香港打拼，而那列廣州通往香港的列車，更是培養B和C相聚相離的戀愛列車，穿越彼此的生活好些時日，卻仍舊走不在一塊兒。

在短短的幾個小時裡，B和我分享了他與C的愛情，那是一段充滿回憶與滿滿遺憾的故事，而內容是再平凡不過的日常小情侶，如何在喧囂繁華的香港相知相惜，他們一起走過在出租房貧瘠的生活，過著困苦卻很幸福的日子，初到香港的C曾想著能夠嫁給有錢有房的男子，在香港給她一個立身的地方。「給女孩一個家，就是嫁」，這也許是不少女生對愛情的憧憬與期許，或許，我們都曾跟C一樣，雖然嚷嚷著嫁給有錢人，卻愛上了窮小子。

當時的他們曾吃著同一碗泡麵，困在狹小出租公寓，日子過得很窮苦卻很滿足。年輕時談得戀愛，好像都與現實相距好遠，每一次發自內心的開懷大笑，都僅僅是因為那些微不足道，渺小普通的美好，那時候的天空很藍很簡單，日子過得很平凡，所有的美好回憶，彷彿都與錢無關。

兩個互相依偎，攜手在香港打拼，一起度過難關，一起捱苦，一起互相打氣，一起期許未來，兩顆心靠得好近好近，彼此單純且真心地愛著對方，那時候的幸福很簡單，日子很充實，以為生活大概就是這麼一回事，能夠就這麼幸福得一輩子。

後來B說著因為愛C而改變自己，努力成為C眼中的那個樣子，不論自己吃多少苦頭兼多少份工作，都為了達成C的夢想，好不容易賺來得錢全拿去買房，可是C並不領情，也不快樂，後來B為了要成為C喜歡的那個樣子，而迷失了自己。

就好像當初我放棄一切來到了廣州，為了深愛的他，努力用盡一切地達成對方的各種要求，儘管自己過得再不快樂。後來因為工作的壓力，現實環境的逼迫，情緒散落在平凡的日子裡，漸漸侵蝕掉彼此的知足，磨滅掉快樂，卻增添了日常的爭吵，生活開始變得不美好了，日子開始變得灰灰黑黑，再也沒有續紛的色彩了。當日子開始相視無言，彼此歷經了無數次爭吵，冷戰，同處在一個空間，卻無話可說的局面。

你給的都不是我想要的，我給的你卻仍舊覺得不足，有種不論何時何刻，對面的那個他，似乎永遠不懂自己，直到那天，共處在曾經充滿歡笑地狹小公寓，兩人相視無言，好像也沒有什麼好說的了。

忽然之間，你看不清彼此的未來。在沒有天人永隔、第三者、家人阻撓等各種情況下，日子仍舊平淡地如往常一般，但彼此的愛已變了調，是不愛了嗎？你說不出個所以然，但就是沒法走在一塊兒了。

當B講完那段刻骨銘心的芭樂戀情，B告訴我這趟去香港是要參加C的婚禮，但他不打算祝福C，而是要把C追回來。也許是自己才剛逃離吧，有點苦笑著祝福B，另一方面又暗自希望自己的那個誰也能夠追上來，或者在某個轉角處等待，等待我歸來。

但，事與願違。一直到現在，我常常在想如果當時我沒有轉身離開，後來的我們會不會不一樣？

偶爾我還是在夢裡遇見那個他，好幾次都是站在遠方，看著背影與自己漸行漸遠，直到最近幾日我又夢見了，只是這一次他，離我好近好近。

在後來我什麼都有了的今天，卻沒有了他，沒有了我們。

「親愛的，I missed you.」

「這一次，我是真的錯過你了。」

願我們都能找到為我們「上九天攬月，下五洋捉鱉」註的那個誰。

然後好好牽著，再也不放掉。

❖註：出自毛澤東《水調歌頭．重上井岡山》：可上九天攬月，可下五洋捉鱉，談笑凱歌還。世上無難事，只要肯登攀。

把手交給你，請答應我一定要緊握

笑容，是最美麗的化妝品

嘎語錄

我們總是愛上從未想過的那個誰，然後，淪陷。

關於緣分

我在環球影城變成了媒人

3-4

人生許多緣分，

都是在不經意間察覺到的，

看似平淡的凝眸，卻意味深長。

《歲月靜好現世安穩》

白落梅

當我旅行到了河內，正在下龍灣的郵輪上放鬆度假時，我的電腦跳出一則訊息邀請，一張google問卷表單，原來是T和C要結婚了。

T和C是我在環球影城排隊時認識的。

因為在大阪打工度假，愛好遊樂園的我，當然要買張環球影城年票好好玩個夠，在大阪的那段時間，幾乎每個禮拜我都會去一趟環球影城，偶爾看看表演，聽聽音樂，或是揹著最新的小小兵爆米花桶，坐在路邊觀賞遊行表演。

來到樂園的人大多成群結隊，結伴而行，在環球影城裡面很少會看到跟我一樣獨自前往的人，或許在其他人眼裡，我可能是個怪咖，但我並不在意。

當時，我正排著隊，等著搭乘我最喜愛的遊樂設施——好萊塢乘車遊，它是一款倒著前進的雲霄飛車，搭乘時可以選擇好幾種不同旋律的音樂，我通常會傍晚時分開始排隊，有時候可以搭著雲霄飛車衝向夕陽，有時排得久一點，可能看到夜景，不同時候搭乘都能看見不一樣的風景，就在我看著日文表演單，思考等等要去看哪場表演時，C開口問了我。

「不好意思，請問妳會講中文嗎？」紮著馬尾，穿著一件式的日系格子洋裝，C禮貌的問著我。

「噢，會呀！」對於突然的詢問有點訝異的我回答著，一邊還沒有回神，一邊想著可惡，我看起來這麼不像日本人嗎？但同時也對於自己這樣有點幼稚的想法，覺得愚蠢。

「可以請問這幾個表演分別是什麼內容嗎？」

「噢，這個是天使的奇蹟，這個是青蛙合唱團……」就在我一邊說明給C聽時，眼角餘光可以看見一個身穿格子襯衫，搭配卡其合身褲，含情脈脈的看著C，壓根兒沒在聽我解說的男孩。

彷彿有種強烈的電流，穿梭在他們倆人之間。不用說，也猜得出來T是喜歡C的，瞎子都感覺得到的那種明顯。

就在我和C講解完之後，我們開始聊起了自己去過了哪幾個樂園，最喜歡環球影城哪一個設施，我推薦了幾個在大阪可以去造訪的景點，還有京都那間我當時男友最愛的拉麵，然後我們聊起了彼此。原來T和C是自幼就認識的青梅竹馬，他們約定好大學畢業後的那年聖誕節，要陪著C一起來大阪環球影城。

「我以前就聽說環球影城聖誕節有好厲害的燈光秀，而且我想要蒐集不同國家的環球影城。」C一邊說著自己聽說過的環球影城，一邊和我分享她搜尋資料時的發現。

C有澄澈水晶的大眼睛，笑起來有兩個淺淺的酒窩，不知道是不是風太冷了，把C的臉頰吹得紅通通的，當C一邊分享一邊呵呵笑時，嘴角弧度呈現如月牙般完美，那就是標準的空姐笑容，如果說定格住的微笑是一幅賞心悅目的風景畫，那C肯定是盛開的桃花。就連身為女人的我，都覺得C好美，好親和。

當C得知我是獨自一人來樂園，開始頻頻追問我怎麼不跟男友過來，遊樂園就是應該要跟男友過來的呀！而且跟著男友一起看夜間燈光演出，多麼浪漫啊！

「所以妳和T是情侶囉？不然怎麼一起來了呢？」哈！好奇的我不甘示弱地回著。

「她就一直拒絕我，不喜歡我啊！」T立刻接著我的詢問，間接對C再一次告白。

「誰要喜歡你啊！你不要亂說話。」C連忙解釋，臉上更加紅潤了。

「其實我知道，妳是喜歡他的，對吧？」我在C耳邊小小聲地說。

後來我們交換了聯絡方式，一直到現在偶爾會再社群媒體上遇見，聊聊彼此的近況，我會跟C分享我現在旅行到哪個國家，下一站要去哪；我還記得我深夜在羅馬車站嚎啕大哭的時候，我打電話給了C，告訴她，那個把我丟在環球影城的男人，這一次把我丟在羅馬車站了。

「問妳喔，妳當時怎麼知道我喜歡T？很明顯嗎？」

「因為你們穿著情侶衣啊！」

雖然當時我看不到C臉上的表情，但我想一定是洋溢著淡淡的粉紅色吧？就像我第一次遇見她的時候一樣。

談起戀愛的女人呀，生活的每分每秒都充斥著粉紅泡泡，從此以後的四季便因有了他而更加繽紛多彩。夏天多了一縷清風伴隨在旁，冬天多了一絲暖陽高照在後，就連呼吸的每一口空氣，都充斥著棉花糖甜甜的味呢！

來到環球影城絕對不能錯過的遊行

充滿甜甜粉紅色的環球影城

嘎語錄

你永遠無法預測誰會愛上你的笑容。

燈光秀——天使的奇蹟

愛過以後

love 後＋ d

3-5

當你跌到谷底時，那正表示，
你只能往上，不能往下！

《成功，就這一句話》
戴晨志

窗外的天空逐漸暗了下來，夕陽輝映自葉片間篩落而下，捕捉到的雨點摻合著空氣裡的微小分子，像是撒糖粉般緩緩落下，飄飄灑灑地落在湖裡，盪起一道道迷人的波紋，這場雨絲絲縷縷，溫柔地一點力度也沒有。

「啊！雨季就這樣來了。」A望著窗外的光景喃喃的說著。

「咦，現在是雨季嗎？」我好奇的問著A。

我和A是在美國打工度假時認識的，因為一場電影我飛越過半個地球，來到了布萊斯峽谷，一個荒涼但不至於人煙稀少的國家公園。A來自於泰國，今年是她來到布萊斯峽谷的第三個夏天，卻也是她與男友最後一個夏天。

A和男友分手了。

「這裡不是，我家鄉是。我心，也是。」A繼續愣愣地望著灰濛濛的天空回答我。

那一瞬間，我彷彿覺得上帝懂得讀心術，濛濛細雨，如煙如霧般，空氣中繚繞著一種孤獨的寂寞，染灰了樹，漂灰了土，輕輕地將鄉間小路撲上一層灰色的衣，而A也感染了如此情緒。

「愛與被愛，你會選擇哪個？」在我躊躇該不該繼續問下去的同時，A若有所思的問了我。

「我想，我會看看當時的我幾歲吧。」對於這個突如其來的問題，我給了一個不偏不倚的答案。

是啊，這是個老掉牙的選擇題，如同愛情與麵包，我們都希望兩者兼具，只是世事總不盡人心，如果真有那麼一天需要選擇的話，我想，我會先看看那年的我幾歲吧。

如果我還是個初生之犢的十八歲，擁有天真爛漫想法的青澀女孩，我想我會不顧一切的選擇愛人，那會是一次美好的戀愛經驗，如同兒提時童話故事中的公主等到王子般；妳的心開始因為某個人而牽掛著，因為他的一舉一動而悸動著。

當他的眼睛曾在妳身上停留，哪怕是一秒，都足以讓妳興奮的手舞足蹈，即便他加入國考部隊，也甘於與他窩在家裡溫習，除了圖書館外，哪也不去；當他因某些緣故而婉拒妳，剝奪一週內唯一專屬妳的快樂時光；或許是兄弟聚會謝絕攜伴參加，又或者是來場友誼賽PK妳無法參與，不論是哪種原因，都足以讓妳從人間打回地獄。

但，這就是戀愛。

如果那年我是個縱入世界染缸如老尼入定般的輕熟女人，我想我會毫不考慮的選擇被愛。或許是早已從戀愛後的創傷掙脫開來，褪去戀愛枷鎖後的置身事外，當妳的青春年華不在，還有個人願意愛妳關心妳，甚至用盡全力守護著妳，如同十八歲那年的妳，此時此刻，還有什麼好考慮的？

「但如果是現在，我覺得哪一個都沒關係。」在A還沒問我時，我搶先一步地回答她。

如果真的能許願，我想每個女孩的心底深處，總希望有個白馬王子帶領自己走向幸福結局，希望談場轟轟烈烈來個奮不顧身的戀愛，那怕沿路荊棘遍步，碎石不斷都無法阻撓。

但那畢竟不是現實，而人生往往不會照著妳的心意上演的。

「這世界上有太多事情我們無法控制，但我們能控制自己。」

窗外的雨，跟著我們的對話一塊停下了；我邀請了A一起去湖的另一邊，一個樹木林立的巨大森林，我們都不知道裡面會有些什麼，但我想我們都懂得如何保護自己。

親愛的妳，如果妳還是個女孩，請記得好好的愛一遍，人生可以有後悔，但不能有遺憾，因為後悔是妳曾做過但表現不好的回憶，但遺憾卻是連回憶都沒有的可怕空白。

親愛的妳，當妳不再是女孩時，請記得好好珍惜身旁深愛妳的他，因為在燈紅酒綠的都會叢林裡，他能從萬惡泥濘中挖掘並欣賞妳守護妳，即使是名模或知名影星，在美麗與財富集於一身時，妳還擁有她們渴望卻沒有的愛。

布萊斯峽谷的同事

嘎語錄

有些人註定會進入你的生命中，讓你學會一些事，然後離開。

愛的表現

原來這就是愛情

3-6

最好的時光，

是瑣碎的呢喃被尋常地對待。

《朝朝暮暮》

張西

深夜四點半，大地依舊安穩地沈睡，世界靜得無聲，飛機落在土耳其的伊斯坦堡機場，飛行十多小時後，身體仍舊在過臺灣時差，所有的動作都慢慢地，好在這趟轉機有六個多小時的空檔，可以悠悠地前往。

踏上了土耳其的柏油路，大大地伸了一個懶腰，呼吸著地球另一端的空氣，搭著與臺灣並無不同的接駁車，我來到了土耳其機場，跟著人潮前往轉機口。

「請問你們有看到ＸＸ旅遊嗎？」帶著些許白髮，身子依舊健壯的大叔有點著急地詢問著。

「不知道耶，我沒有看到。」一個拿著旗子的領隊，帶著有點漫不經心地口吻回覆著。

「那請問轉機要往哪個方向呢？」著急的大叔，接著禮貌地詢問。

「這裡有三個轉機地方，我不知道你們要去哪。」那位領隊邊走邊不在意地回覆，自顧自地帶領自己的團員往他們的目的地去。

「那妳在這邊別走，我走回去看看好了。」得不到解答的大叔，無奈地轉過頭向自己的老伴說，便走回剛剛走來的路。

在土耳其等待轉機地同時，我看到這一幕。心裡有滿滿的話想對那位領隊說，情緒其實有點複雜，腦袋瓜大概翻轉了小小一圈，上演了一齣小劇場。

我走向了大叔的老伴身旁，一個看起來有點擔憂的阿姨。

「請問你們是要轉機去哪裡呢？」

「我們是ＸＸ旅遊，要去西葡的。」阿姨帶著急切地口吻對著我說。

「往西葡的轉機是右手邊這裡，前面直走是土耳其轉國內線的。你們等等就到這邊過Ｘ光機，可能你們的領隊在後面等著你們。」我一邊指著告示牌一邊和阿姨解說。

「好的，謝謝妳喔！謝謝。」阿姨一邊聽一邊直點頭地對著我說。簡單地向阿姨解說後，我就朝著轉機的檢查行李區去了。

大概是深夜土耳其轉機的人眾多，在Ｘ光機檢查行李的人龍大概有五六排之長，即使開了三個檢查口，一時半會兒也消耗不完，我看到了自己下一段機票是在六個小時之後，心中突然有點懊悔。

「哎呀！我剛剛應該要陪著阿姨一起等的，我的時間還很充裕呢！不知道他們轉機的時間會不會很趕？會不會找不到登機門呢？」腦海中的劇場開始上演一番，越想越覺得自己太蠢了，大概是剛睡醒，還沒有醒悟過來，此時此刻的他們一定很緊張吧！？

「請問妳是要轉機去哪裡？」耳邊傳來熟悉又有點陌生的口吻。

原來是剛剛的阿姨呀！我們之間剛好隔著長長一排，隊伍恰恰地讓我們排在了旁邊，慶幸這樣的剛好，頓時讓腦海中的小劇場停了下來。

「我要去以色列，我幫你們看看下一段的機票應該要去哪個登機口，你們過完X光機如果找不到領隊，可以直接去登機口。」對著看起來仍舊有點慌張的叔叔阿姨說，然後我們就各自過了檢查口。

看完了班機看板，發現距離阿姨他們的班機，大概還得等上一個小時，於是我便自告奮勇地和阿姨說：「你們的登機時間是6:35，現在登機門還沒確定，我跟著你們一起去找找領隊吧！我離登機時間還很久。」

「謝謝妳啊！真不好意思。」

「那妳跟這位小姐在這邊坐著，我去前面看看好了。」大叔一邊致謝，一邊回過頭和老伴說。

看著大叔轉過身奔走這一幕，腦海中卻浮現了滿滿的愛。

「好美。」心情依舊是滿滿的情緒，當下覺得大叔帥呆了！這樣的體貼，是一種打從心底體貼對方而流露出來的真實反應。

最美的語言，不一定要用嘴巴實現。

人生呀，有時候會出現許多小插曲，讓你發現身邊的另一半，其實貼心地令人溫暖。就像這位大叔對老伴說的話，即使自己著急地像熱鍋上的螞蟻，仍舊體恤另一半，而自己在機場來來回回奔跑，汗已濕了一半也不打緊。

「那你們這趟去西班牙跟葡萄牙要去哪些地方呢？我好喜歡里斯本呢！」邊走邊和身旁的阿姨閒聊，想多跟她分享自己在歐洲旅行時的私房景點，也好緩解一下她當下的擔憂。

「我們這次會去里斯本、馬德里還有巴塞隆納，有好多景點呢，不過我這次功課做得不多，沒記太多景點名稱！」阿姨邊說邊從包包拿出旅遊手冊，然後我們開始聊起了旅行。

「妳一個人要去以色列呀？哇！那要注意安全喔！妳好勇敢喔！」即使內心仍舊有點慌張，但阿姨還是小心提醒我，那種口吻有點像是自己母親叮嚀孩子那般。

我猜阿姨應該有和我差不多年紀的孩子吧？心中這麼想著但沒有開口和阿姨說。即使自己即將三十歲，但每一次出發，父母總是會不厭其煩地叮嚀我，不要前往危險地帶，要注意安全，行事得小心謹慎，別又粗心忘記帶東西了……

每一次的叮嚀都是父母對自己愛的表現。愛，從來都不是嘴上說說。

在每一個稀鬆平常的生活片段裡，都洋溢著滿滿的愛。

阿姨開始說著好多年前曾去過北歐，這次想去西葡看看，然後我則分享了自己在歐洲去過哪些印象深刻的地方，過了一會兒，叔叔落寞地從另一頭走向了我們。

「應該是找不到其他人吧？他肯定急死了，我們這團人有點少，才十五個而已。」阿姨彷佛感染了叔叔的心情，從剛剛稍微緩和地情緒，瞬間皺了一下眉頭對著我說。

「妳要不要去忙妳的，妳剛剛有教我看機票了，我知道等等怎麼去登機門。」即使內心著急，阿姨仍舊擔心耽誤到我的時間。

「沒關係，我還有六個小時，我不急的。等你們找到團員，或者到了登機門吧！我還有好多時間呢！」

在路上旅行的這段時間，我時常遇到一些棘手的小問題，像是找不著路，手機沒訊號，抑或者到了一個語言完全不通的國度，都是靠著一路上的幸運，以及好心人士的幫助，逐一解決。

「領隊剛剛在找你們呢！登機門還沒出來，領隊說等等六點半在這邊集合。」兩個打扮時髦，看起來十分年輕的女士，熱情地對著阿姨、叔叔說。

「這樣子啊！那就好那就好！我們剛剛在轉機那邊等了好久，來回找了好幾趟呢！」眉頭漸漸舒緩的大叔鬆了一口氣地說。

「你們找到團員了呀！那你們慢慢聊，我先走一步了。」看到阿姨、叔叔和兩位女子聊起天來，便放心地和他們告別了。

「謝謝妳喲！妳人真好。真的很謝謝妳！」

「不會，要好好玩唷！我先走了。」在和叔叔、阿姨道別後，我正打算去間咖啡廳買個早餐。

「哈囉，哈囉，小姐請問妳貴姓呢？」在我轉身之後，阿姨追過來拍了拍我的肩膀問。

「我姓高。」

「高小姐啊！這樣子呀，那……謝謝妳，真的很謝謝妳，希望我們有緣再見囉。」

「阿姨拜拜，祝你們旅途愉快唷！」雖然不知道後來阿姨追來找我，是不是還有什麼話要跟我說。但真的很高興自己能夠幫得上一點點忙，即使一點點，都能讓自己好開心。

這六個小時的等待時間，讓我覺得好有成就感。

深夜的土耳其航空

機場航班看板

嘎語錄

最美的語言，不一定要用嘴巴實現。

TICKERDAZE
BURGERLAB
MOSAFER
SELAMLIQUE
ISTANBUL
Carluccio's
CAFFÈ FOODSHOP RESTAURANT
CAVIAR HOUSE & PRUNIER
SEAFOOD!
BTA
Cafés & Restaurants
Von Dutch

凌晨，機場依舊人來人往

4

恐懼

fear

其實光一直存在，
需要的只是多點時間來適應黑暗。

停止恐慌

所有的一切都會是最好的安排

4-1

生命會給你所需要的東西，
只要你不斷的向它要。

亞伯特・愛因斯坦

這是在日本度過的第二個夏天，八月夏末時節，酷熱的氣候夾帶些許地涼爽，許是秋天腳步已悄悄近了。生長在亞熱帶的我極適應這樣的大阪，天空藍湛湛地沒有一絲雲彩，熱情如火的陽光將人們烤得臉頰紅通通，卻感覺不到半點的煩躁，挨著河邊的行道樹下溜搭，踩在不知名的小徑上，心開始隨著微風徐徐地靜下來了，噢，我還有個約會要去。

也許是最近的日子被大大小小的計畫填滿了，一天二十四小時裡，腦袋運轉大概占據了十六小時，有點開始佩服自己水一般的存在，能在陌生的城市裡盡情成形。是的，我又再一次回到奔波的日常，在距離家鄉 1,700 多公里的城市，日子像是拴緊了發條，起身便開始勞動到電力耗盡，好在「這一次是忙非盲，也不再，茫了」。

是啊。

週六夜晚，理應是該好好犒賞自己日常辛勤工作，認真生活的，難得的幾小時休閒時光，硬是塞了個小約會，與從南美回來的友人V小聚，V結束了在南美外派的生活，捨棄了香港的工作回到了熟悉的臺灣，在臺北，一個對於她來說仍屬陌生的城市，從零開始。

大概四小時的時光裡，我們交換了這段時間彼此的近況，分享曾面臨各種的人生十字路口，然後敘述著當時的情境，後來的抉擇與之後的發展。大概是因為我們都是同一種人，頻率相同，那種不需要解釋太多的默契，一個眼神，就能讀出對方的心。

同一種擔憂，同一種思考邏輯，同一種快速抉擇的做事方式，同樣是想很多顧慮很多的人，但又嚮往自由不拘束的生活，從不害怕新的開始，嘗試任何一種未知的挑戰，邁出的每一步大概在腦海中上演過千百種情境劇，總結不出任何一種比較好的結局，卻仍然還是踏出了。

不知道從什麼時候開始，我們習慣了一種生活方式。「喜歡把時間塞得滿滿，越是忙碌越能感受到自己仍活著，仍在前進，越能意識到存在的意義。乍看之下或許充實，但更多時候，內心卻人感覺到空空的，一種無法言語的感覺，很慌很慌。」

我們從不吝嗇與他人分享自己的過往，喜歡和身邊的每一位交換彼此的日常，談論每一個人生路口的抉擇，交換彼此的想法與剖析，但常常是希望能從他人的口中，得到新的見解與答案。

明知道人生是自己的，好壞都得自己承擔，但更多時候是害怕失敗，於是從龐大的經驗分享庫裡，篩選出一種失敗率極低的抉擇公式，然後就這麼機械式的動作著，思考開始停滯不前，學會用公式解出做法。

然後你可能快速地找到捷徑，可以通往你的目標，但同時你也會錯失沿路的風景。

我們總是習慣腳步快速的生活，總是害怕自己進度延後，追著崇拜著那個誰，照著一路歸納整理的所謂可以成功的方式，但親愛的，你是你，你的生活你得自己過。

還記得曾經有個長輩送了我一首她個人極推崇的小詩，並叮嚀我：「慢慢來，比較快。」那時候的我彷彿能夠理解她話中之意，但卻從未放進心裡，落實在日常裡。

自此那時，我開始學會遇到問題，不立即找出答案，因為忙亂或是慌張地做出決定後，終究不是你真心想選擇的，也一定不是適合你的。

或許這個當下你錯失了某個機會，你摔了一跤，失戀了，失業了，考試失敗了。但，人生是一場馬拉松，也許你現在落後了誰，但沒到最後一刻，每個人都可能是贏家。

紐約時間比加州時間早三個小時，
New York is 3 hours ahead of California,
但加州時間並沒有變慢。
but it does not make California slow.
世上每個人本來就有自己的發展時區。
Absolutely everyone in this world works based on their Time Zone.
身邊有些人看似走在你前面，
People around you might seem to go ahead of you,
也有人看似走在你後面。
some might seem to be behind you.

所以，放輕鬆。
So, RELAX.
在命運為你安排的屬於自己的時區裡，一切都準時。
You are very much ON TIME, and in your TIME ZONE Destiny set up for you.

節錄《每個人都有自己的時區》

所有的一切都會是最好的安排，在命運為你安排的時區裡，一切，都會準時。

我們都是用力發光的蠟燭

嘎語錄

想像自己是根蠟燭，微弱光亮裡從底燃到頂，全是用力光明的痕跡。

Life is too short.
Don't ever waste it.
Life is sweet.
Take time to taste it.
Life is a journey
Find the right path.
Life is entertaining.
Don't be afraid to laugh.
Life is for good times.
Make them last.
Life has it's bad times.
Put them in your past.
Life is chance.
Make sure to take it.
But most importantly.
Life is what you make
Delicious
FRESH BREWED
HIGH GRADE
Have a cup!
POWERFUL DREAMS
INSPIRE
POWERFUL ACTION
66

Life is....

廣式廚具

快樂的大熔爐

4-2

一個人至少擁有一個夢想，有一個理由去堅強，

心若沒有棲息的地方，到哪都是在流浪。

三毛

下午三點鐘，我站在十字路口等待一份廉價的三明治，按照當地人的說詞，應該是「三文治」才是。站在一點兒都不藍的天空下方，任憑酷熱的陽光肆意地照射在每一寸肌膚上，此時此刻，我，完完全全可以感受到它的熱情，這是它一貫的待客之道。

空氣中夾雜著細小卻無法一窺究竟的懸浮粒子，不過這裡的涵蓋量可能是臺北的好幾十倍。第一次踏出廣州機場的時候，我以為機場位於焚化爐的附近，又或者是附近發生了火警，以至於眼前的空氣如此混濁，從小就過敏性鼻炎的我，自然是眼淚鼻涕一把，咳嗽不斷等一連串過敏症狀襲來，一直到好幾個小時過去，戴了兩層口罩才肯罷休。

但這一點都不減我對它的興趣，反而更讓我覺得好奇。究竟這城市有什麼樣的魔力，能夠吸引許多外地人前來生活，甚至建組一個家庭長久生活下去？願意拿灰灰黑黑的肺兒，一起陪著城市大口呼吸，大口吐氣。

心情好的時候，我喜歡來杯解膩的現榨西瓜汁，站在轉角一個屋簷底下防曬，大口吸著紅澄澄的新鮮飲品，看著街道兩旁的攤販拍手叫賣著。每一戶商家都有獨特的神奇法寶，有的人拿著大聲公叫喊，有的拿著玩具假手拍打，有的拿著像是在世足賽或是棒球比賽才會出現的加油棒，把每一次叫喊都當作是競賽般，卯足十勁的拉攏生意，好不熱鬧。街口的孩童成群結伴，女孩兒開心的手舞足蹈，跳起可能是昨天音樂課老師教得舞蹈，男孩兒認真地圍成一圈，有秩序的輪流甩著陀螺，陀螺轉起來五光十色的，在這艷陽高照的白天底下，真像朵盛開綻放的鮮花，繽紛的，鮮豔的，競相比美般，像極了場選美比賽。

大人們有的站在一旁一邊吞雲吐霧，一邊談天，有的拿起了街邊的木製椅凳，帶點歲月痕跡的那種，時而咆哮，時而歡呼，還有一些人就這麼靜靜的坐在街邊的人行道上，儘管不到半公尺的距離可能有一地的垃圾，他也能不慌不忙毫無半點疑慮的就打起盹來，街道旁的吵雜聲彷彿如引人入睡的美妙樂曲，指引他進入夢鄉。

這是廣州，一個僅次於北京與上海的第三大都市，身兼港口城市，歷史文化古城等多重身分，作為中國重要都市之一的它，更承載了大量外地人湧入的重擔，在這裡，你很容易聽見許多語言，有英語的，俄語的，日語的，歐洲的，非洲的，多種文化毫不違和地交織在一起，服裝飾品，鞋包配件，美食等招喚著世界各地的人前來共襄盛舉，讓你很難抗拒。

「呼嚕呼嚕……」手上的果汁即將消失殆盡，找了個屬於它的小家（垃圾桶）將它擱置在那，結束欣賞這一場未經排演的真實戲碼。

指針轉至三點一刻，身為城市漫遊者的我，當然要入境隨俗的遵循這城市特有的習慣，大快朵頤，噢不，是稍加休息的享用下午時光。

歡迎光臨，來自世界各地的你，不論膚色、髮色都請和我一起，細細品嘗這座城市的魅力。

就邁開步伐向前走吧（以色列老城一雅法）

嘎語錄

命運從不會綁住你，只有自己將自己囚禁。

就放心飛吧，命運從不會綁住你

長程競賽

走得很慢不打緊，只要堅持下去就行

4-3

巴黎永遠都值得造訪，不管你帶給它什麼，它都會回報你。如果你夠幸運，得以在年輕時住過巴黎，不管未來的人生你去哪裡，巴黎都會如影隨形，因為巴黎是一場流動的饗宴。妳屬於我，整個巴黎也屬於我，而我只屬於這記事本和這鉛筆。

《流動的饗宴》

歐內斯特・米勒・海明威

指針轉在七點一刻，熙熙攘攘的車道好不熱鬧，馬路另一頭迎來如跨年般的人潮，有的人三三兩兩嘻笑漫步，有的人若有所思愁眉踏步，還有的人兩眼無神彷彿剛結束場硬仗，好不容易可以放空腦袋瓜的漂移著，他們各自帶著不同的心情與姿態，漫遊這個叫浪漫之都的巴黎。

來到這座許多詩人口中無與倫比的城市，在理解巴黎前，一切都由想像開始，但憑藉著想像似乎很難與這座城市有強烈直接的連結，旅居各地的時候，經常從友人的口中描繪這座城市，而關於巴黎這詞，便在我的腦海裡，有著好幾種不同的樣貌。

「我對巴黎又愛又恨，我愛它的豐富底蘊，我恨它的來者不拒。」

「那是一座永恆的美麗，藏滿時尚、文化的藝術殿堂，我還沒造訪過，但我知道我一定會去。」

「巴黎人好優雅的，那種就像每天呼吸著摻滿藝術氣息的空氣，自然而然就雅起來了。」

「巴黎是花，最漂亮的是蕊；巴黎是少女，最漂亮的是眼睛；巴黎是老人，最漂亮的是皺紋。」

而在歐洲觀察的這段日子裡，我並沒有一個明確的目的地，也不是什麼真的像別人口中的灑脫抑或是勇敢，大多時候都是依著最便宜的機票就飛往，畢竟荷包乾扁又要走得久遠，從來都不是件容易的事。一直深信命運會引領我去我該去的地方，七點半，就在時間正為夜不止息的繽紛巴黎致敬，而我正坐在巴黎四處可見的戶外咖啡廳，一邊觀察這座呼吸著藝術空氣的人們，一邊等待在La Femis（巴黎高等國立電影學院）念書的V。

V是我在沙發衝浪上認識的，來自北京電影學院，因為學校交換計畫的關係，得以在La Femis讀電影，在出發以前，她是一句法文也不會，而從V口中得知這座電影人都心生嚮往的殿堂，一年僅招約莫六十人左右，非歐盟的學生僅招二至三人，為了這次的交換，V是如何突破重圍，破繭成蝶，噢不，在拍出第一部自己的電影前，她還不是蝴蝶。

因為好段時日沒有講中文了，遇到講相同語言的我們，一見面彷彿熟識多年的好友般，嘰哩呱啦聊個不停，聊到我為什麼開始旅行，命運是如何帶我來到了巴黎；聊到V是如何從新疆一個小城鎮千里顛簸的北漂，憑藉著兒時看過的一場電影而有了導演夢；聊到了她最愛的電影，一部她至今仍然無法完全聽懂的電影。

後來我們決定前往V租屋處觀賞那部她讚不絕口的兒時電影，她家距離市區要轉乘兩次地鐵才能抵達，出了地鐵後還得走上好一段路，至少二十多分鐘吧，每天光是上學的通勤時間，至少就可以耗掉一個多鐘頭，聽到有點驚人的通勤時數；我一直相當好奇，巴黎究竟是有什麼樣的魅力，可以讓人對它愛不釋手，可以為了它排除萬難。

V的房間布置得很簡約，一個簡單的個人套房，淡灰色的牆壁像是潔白牆壁增添歲月塵埃的完成品，不大不小的窗邊，有著電影裡常見的萬年盆栽，挨著盆栽旁有個露出芽來的摩艾盆，後來才得知那是多肉植物。V的床靠著窗邊的，窗外對著對面樓房，大多時候是照不到陽光的，V笑著說她喜歡坐在床上依著窗邊創作，即使陽光只有斜斜一道光芒，大多時候房間都是靠著自己的燈光才得以明亮，但她還是很喜歡。

「你不覺得這是種巧合嗎？眾多樓房裡我可以分到一絲陽光，在偌大的世界裡我來到了巴黎，就像多肉植物一樣，只要給我一點點水分，我可以活得好好的，然後，發出芽來。」

V開始說著來到巴黎一連串的巧合，她是多麼感激與感恩，然後我們開始觀賞那部她提了不下十次的電影，詳細的劇情其實我也不是很明白，這部語言不通的獨立得獎電影，觀賞起來實在相當吃力，甚至時常分不清現在情節演到哪裡，大多時候我得借助自己的想像能力，加上全神貫注的專心，才能稍稍了解導演想傳達的意念，如果當下有攝影機能夠捕捉我當時的表情，那模樣肯定會很有趣。

後來V告訴我她是如何遇上這部電影，愛上它，研究它。因為語言不通的關係，反覆看了不下一百次，把每一句台詞都抄寫下來，試著了解男女主角想要傳達的意念，把電影裡面每一首曲目都下載到了手機，反覆播送不斷吟唱，在外人眼裡或許看起來很費勁，但電影啊，總是有這麼多人為它著迷，為它忘寢廢食。

藝術也是，巴黎也是。

在巴黎僅有短暫停留而已，我沒有造訪世界知名的艾非爾鐵塔，也沒有去巴黎聖母院，流光溢彩的紅磨坊我僅有在電影裡瞧見，女人最愛的香榭麗舍大道我也僅只擦身而過，在天還未亮的清晨，V已在前往學校的路上，九月的巴黎已有些許涼意，但即便將整個窗戶打開，房間還是感到有點悶熱，實在很難想像V已經在這個房間裡度過多少個晝夜。

「這個房間充滿熱情。」

在巴黎的時候，大多都是隨意地在街上遊走，或是買杯咖啡在一個不知名的戶外咖啡廳觀賞這座城市；在這到處都可以看到噴泉、雕塑以及花園，轉個彎就可見一個知名景點或是博物院，最讓我印象深刻的是不論是美術館或藝廊，排著長長人龍裡，舉凡金髮碧眼非亞裔的人們，人手一本書本，那種排到天荒地老容易讓人心情浮躁的隊伍，巴黎人總是可以優雅的閱讀，跟著隊伍緩慢前進，或許他們跟我一樣是來自不同城市的外來客，隨著待在巴黎的時間越久，好像真的有種呼吸了這裡的空氣，就不自覺得優雅起來了呢！

在離開巴黎後，我來到了腳步快速的東京，或許是還不太習慣融入如此龐大的喧鬧人群，身體還在巴黎時區內尚未甦醒，我回到了膠囊旅館，一個得以讓我稍微放鬆神經，稍加喘息的小小空間，隨手拿起了本書籍翻閱，就這樣不小心地掉進了文字世界，回到了巴黎，久久不肯清醒。

兜了一圈或許走回了原點，終點或許還很遙遠，但只要一直堅持在自己的道路上，就離目標更近一步了。

巴黎對於我來說，不像一座城市，倒是比較像一個夢，一個乘載許多人夢想的夢。

在那個充滿熱情的房間裡，有著一個小小的夢。

嘎語錄

在逐漸長大的過程裡，別忘記小時候的自己。

關於經驗

三十歲前不要存錢

4-4

現在站在什麼地方不重要，
重要的是你往什麼方向移動。

佚名

那是以色列第三大城市——海法，擁有許多國際高科技公司，谷歌、飛利浦、英特爾、微軟等都在這裡設立分公司，因為R的關係我有機會來到這座城市，「חי-פה」（發音：hai-po，海法）就拉丁文的意思是住在這裡，他們認為上帝就住在這座城市。

站在他們說的祕密基地裡，眺望這座上帝居住的城市，地中海的天空有如澄澈似海底般的藍，停泊在港灣的船隻一艘挨著一艘，像極了排隊等待郊遊的孩子。手機響起了遠方友人A的問候，啊！就這樣又過了幾年。

A是我在沖繩換宿時認識的，中英混血的他，自幼在澳洲長大，剛結束在南美洲用生命賺錢的日子，便出發前往世界的路途中，而我們在太平洋的一座小島中巧遇，多麼一個不可思議的巧合。

我一直認為每一件事情都有它的意義，再微小不足道的事情，都藏有上帝要傳達給你的提示，好比說我申請打工度假失敗了，所以我來到了沖繩，又來到了距離沖繩本島不太近的小島，我遇見了A，一個來自南半球的朋友，得發生這一連串的事件，才有辦法串起我與A的緣分，偏差一點點都不行。

「我現在三十五歲，但我已擁有一間自己的公司，在南美洲擁有一座小島，我可以開始毫無顧慮地環遊世界，唯一的煩惱是，我的錢可能這一輩子都花不完。」喝著道地的沖繩啤酒，A微醺帶點醉意的對著我說。

對於這段對話，我有點訝異，究竟他得對我多信任，才能告訴我他其實很有錢。又或者是我對他來說還只是個黃毛丫頭，因為不構成威脅，才可以如此坦蕩蕩的掀出他的底牌。

對於眼前看起來僅僅大我幾歲，但資歷和財力都多我好幾倍的男生，我實在充滿好奇，一來是想聽聽他走訪了哪些奇特的城市，遭遇過怎麼樣有趣的經歷，他肯定是有滿滿故事的人，而我也很好奇，在這個不依靠著父母，還能發展致富環遊世界的人，至少在我的世界裡，少之又少。

A開始細細對我說著這一路走來的過往，黝黑的大眼睛，因愛曬太陽而有點小斑的黃皮膚，說著一口流利的中文，眼前的A在還沒認識之前，我可能會以為他跟我來自同個地區。而事實上，從自幼遭遇不平等的種族歧視，到後來他愛玩、叛逆，不愛唸書的他一直到二十五歲才完成了大學學業，一直到畢業那年他遇見了他的人生導師—他的舅舅，去到南美洲過後，可以說是人生重新洗牌再出發，那段有趣又令人驚心膽跳的故事，至今我仍歷歷在目，而最讓我印象深刻的是這一句話。

「在三十歲以前，不要存錢。」

A用他自身的經歷告訴我，並且跟我分享他對於龜兔賽跑的另一種看法。

「你有沒有想過，如果今天兔子起床了，而終點是好長好長的馬拉松，會不會在兔子奮發向上，全力衝刺後，就超越了烏龜，並且是以比烏龜快好幾倍的速度向前，牠們拉開了差距，而那樣的差距是烏龜用盡全力，一輩子也跟不上的距離。」

「那這樣烏龜不就重新投胎比較快？」

「這個世界本來就是不公平的，犯不著去跟別人比較，在還沒闔眼以前，唯一能做的就是別讓自己後悔。」

就好比A在擁有眾多財富過後，他放棄了許多賺取更多金錢的機會，而是來到世界流浪，他捨棄了奢華五星級的飯店，或是高級的食材與美酒，我們坐在一個全世界可能一半的人都沒聽過的小島，喝著一杯要價三百日幣的廉價啤酒，談談他不那麼平凡又很有趣的人生。

後來A表情認真地對著我說，一掃剛才微醺還是醉醺醺的樣態。

「在三十歲以前，不要存錢。」

A用了一個例子告訴我，一個規規矩矩的高職生，一畢業放棄了攻讀大學的機會，前往擁有建教合作班的公司上班，領著相當穩定一個月將近四萬元的薪水。另外一位高中生，他繼續攻讀大學，甚至到研究所進修，一直到二十四歲才正式攢錢，碩士生的他來到了一間國際知名大企業上班，薪水三萬五千元。

到了二十五歲，高職生可能過著月花一萬，存三萬的生活，到二十五歲的時候，已經存款了兩百萬元。而另外一位碩士生，他過著月花一萬，存款甚少，因為剩下的錢他拿去投資自己，進修語言與專業，二十五歲的這年，他可能存款不到十萬。

到了三十五歲，那位高職生，他繼續過著月花一萬，存三萬的生活，這年紀的他已經擁有了六百萬。而另外一位碩士生，因為會多種語言，加上高學歷又擁有專業的他，可能在三十歲那年當上了小主管，在那一年他的年薪超過百萬，但仍然月花超過一萬，剩下錢依舊拿去投資與享受人生，但在三十五歲的這年，他可能存款不到六百萬。

但如果時間拉長到了四十歲呢？又或者是五十、六十呢？

高職生過著日復一日，穩定又規律的生活，大概就是一眼就可以將整個人生望進眼底的那種簡單。而碩士生雖然一開始落後了高職生，但我們都可以想像，未來的某年某月，他會超越那位高職生，並且以一種他無法仰望跟想像的速度，通往另一個世界。

而他們就成了完完全全不同的兩個世界的人了。

從小我們大多生長在儒家思想的世代，要勤儉持家，要溫良恭儉讓，有土私有財，你得買間需要綁住你青春最精華的三十年才得以賺到一個離市區不遠、生活機能還算滿意的房子，然後你的工作最好是公務員，可以是不會任意變動的那種，過著朝九晚五規律的生活，平凡的日子大概就像Λ口中的高職生一般。

但親愛的，這真的是你想要的嗎？

上帝居住的城市—海法

在偌大的世界裡，我們渺小得有如蟲蟻，是那樣微不足道卻又充滿著豐富生命力的存在。但如果可以，我希望你們在三十歲以前都不要存錢，盡情地揮霍青春，真真切切地好好體驗世界，用力地學習，認真的活著，因為在還沒到兩腿一蹬的那個時刻，在還沒到人生終點以前，只有投資自己，才有無限的可能。

或許真得是將這句話奉為圭臬，我才有辦法走到現在吧。我的人生也沒有什麼了不起，但至少我願意。

嘎語錄

何必放下自己的努力與成就，去欣羨別人的人生。

你慢些走，我接著說。
-嘎語錄

有感而發

那段我在日本讀語言學校的日子

4-5

朝著既定的目標，
就不會迷失。

佚名

當我意識到許久沒寫些文字的時候，夏天已經快結束了。

當你被許多名為瑣事卻又無法置之不理的事物淹沒時，忙碌與焦頭爛額是最貼切不過的形容詞。再不到兩週的時間，即將結束日文學習課程，是有些令人感傷的存在。

還記得約莫三個月前，踏進不大不小桌椅放置整齊的教室時，哇，人，似乎有點滿。

空氣中卻瀰漫一種說不出的詭譎感，靜默到輕拉椅子欲坐下的我，彷彿製造天大的噪音般，大家都在注視著，是有些那麼的尷尬，有點不知所措，也只能硬著頭皮坐下。

即將上課的同時，內心掀起小小的聲音迴旋，似乎脫離許久的校園生活和記憶中的並無不同，枯燥乏味的令人覺得無趣，且罷，既來之則安之的想法。

隨著時間在你不注意的情況下，不經意的擦身而過時，你正與那群你當初有些懼怕的同學們，建立起所謂的革命情感，製造出許多回想起來會不自覺的嘴角上揚的回憶，或是在某個夜深人靜，獨自一人時，看著過往出遊的照片與影片時，逕自的傻笑。

那，似乎就是所謂的青春吧？

有工作多年，為了一圓日本留學夢的姊姊；有即將踏入職場的畢業新血；有正值二八年華的青春少年；或是隨著另一半定居日本等，每個人都有自己為什麼學習的目的，為了自己的目標在這裡生存著。

那，我呢？

在身旁的朋友問起「怎麼想來學習日文？」的時候，我總是有滿肚子的答案，但到嘴邊後又吞了回來。她沒等我回答，接著就說起「我辭職來到從小就喜歡的漫畫王國，是為了完成兒時未完的夢。」一邊聽著大家說為什麼想學日文，一邊喝著同學推薦的抹茶拿鐵，不知道是否糖加了點多，一股甜甜的感覺湧上心頭。

在那之後沒多久，我們開始聊起在日本的生活，分享彼此的過去與現在，然後慢慢的談起似乎有點模糊有點遠的未來，忘記那天話題是怎麼結束的，只知道我們似乎都很滿意卻又有些什麼可以挑剔，時而開心時而抱怨的。

我一直在思考這段時間下來的感受究竟是什麼，帶點熟悉卻又令人陌生的，那場景似曾相識，似乎是在遞交簽證申請的那天起，冥冥之中好像上帝有什麼訊息想要傳達給你，突如其來的考驗，似乎在驗證你的決心般；像是信心滿滿地交考卷後，發現忘記寫名字般的懊惱。我想起去年某個時候的自己，彷彿如昨日般，還能聞到那時候的氣息，我在一個距臺灣不遠的小島上，在一個當地人建造的小木屋裡面，第一次與心中嚮往的大自然親近，壁虎正為新來的我伴起舞來，蟬聲唱起了歡迎曲，而門外那層褪下的蛇皮，似乎是上帝傳達給我的小小指示，也許這趟旅程正是蛻變的開端。電風扇在旁邊嗡嗡地作響，我躺在陌生卻溫暖到讓人難以不流汗的床鋪，內心卻是平靜到自己也有點訝異。

「還好嗎？」

遠方的另一半從電話傳來的問候，我想似乎再好不過了吧？眼角開始濕潤，那時候，我真心覺得已經沒有什麼可以打倒我了。

在那一刻起，我意識到，只有自己可以幫助自己度過難關時，我很肯定地知道那是堅強，而不是逞強。

人生總是會遇到許多十字路口，需要去抉擇與承擔你所選擇的那條路，在踏上人煙罕至那條路的同時，一路上的險峻與強烈的孤獨會席捲而來，這是在一開始選擇時就可預期的。沒料到的是，當真的來臨的時候，自己卻是如此渺小的微不足道，在即將被打倒的當下，咬著牙強撐著；不論肩上的責任有多少，與論的話語有多重，或是接踵而來的難題有多難，你都只能與自己為伍，伴著有點虛無有點抽象的夢想，暗自希望今晚的夢會帶你找到你想要的解答。

或許真的是在度過無數個這樣的夜晚，我好像漸漸開始知道上帝要傳達給我的訊息了。

既然人生是能夠掌握在手中的，那不妨大膽的走向自己所喜愛的，一路上的艱苦與困難都是為了迎接更飽滿的果實罷了。就算最後的伊甸園不如當初所想像一般，至少我們擁有了自由，在你還有能力選擇的當下，請不要輕易放棄你的權利。

人生就切切實實的只有這麼一遭了。

也許就是得經過這樣一般百轉千迴的路途，才能真的深刻的體悟到，這是執著，而非固執。

夢想，開始稍稍的有些許雛形了，只是我得再靠近一點點。

我在語言學校的日子

嘎語錄

壓力從天而降時，請不要害怕，靜心品嘗，這就是夢想的重量。

困難重重

全世界最嚴密的海關檢查

4-6

讓你走過的生涯，
成為你的寶藏，
而不是包袱。

佚名

「拿臺灣護照去以色列不用簽證，但你可能會卡在海關那裡很久。」在以色列工作的R從話筒那端捎來一絲叮嚀。

以色列可以說是全世界出入境最嚴格的國家之一，許多旅人都在這裡的安檢停留至少一至兩小時，若是被帶去小房間也不足為奇。一個周圍國家都極度厭惡，恨之入骨的國家，僅靠美國邦交與軍事支援，就能夠築立一道道嚴謹縝密的高牆，與四面八方的鄰國針鋒相對。

他們說我不該去以色列，如果我還得繼續在世界流浪當個城市漫遊者，那我就更不應該去以色列，萬一海關在我的護照蓋上了以色列入境章，那接下來，可能會有好些國家都無法前往。

好奇心戰勝了一切。

在線上查詢足夠資料，確定以色列海關不會在護照蓋上戳印後，我還是買了張機票出發。畢竟那個國家，有太多太多讓我好奇的地方了。

「大不了就換本護照罷了。」

抵達特拉維夫機場，以色列的機場大廳和其他國際機場並無二樣。

我的護照被貼上了一張條碼標籤，在要入境過的幾個關口，安檢人員看到那張條碼都戒慎恐懼般，我被帶到了角落一個縝密檢查區域。每一個安檢人員手上拿了一根棍子，每檢查下一位旅客時，就會將棍子拿去機器裡，好像是重新灌注了放大鏡般，放大檢視，仔細檢查每一位旅客的行囊。

我被留下了，他們說我得提供R的聯絡方式，以及飯店預定信，否則我不能離開。

我的相機鏡頭被要求拆開檢查，每一個化妝包，保養品，藥包也都逐一打開，至少有四個人問我從哪兒來，要來以色列做什麼，問了我的職業以及旅館，問了我的旅行計畫，甚至要求查看旅館預定紀錄，就連我相機裡的照片，他都審查了一遍，還問照片裡那個看起來長得像中東的男子，是在哪裡認識的，為什麼他沒有來。這大概是我搭乘飛機超過一百次以來，第一次被澈底盤查的一次，每一位軍官必須不斷重複地調查紛至沓來的旅客，眼前嚴肅帶點冷漠的撲克臉，卻是盡忠職守為自己國家的人民做最前線的把關，如果沒有這樣不厭其煩的謹慎小心，那以色列或許轉角就會有一位恐怖分子吧？

好在，我終究是出關了。
我想，以色列還是歡迎我的。

嘎語錄——

即使塵埃落定，也該有退稿重新來過的勇氣。

差點扣留我的海關

在以色列很重要的藍色入境卡

5

意料之外

out of blue

雖然無法掌握命運，
但我們能選擇該如何活下去。

命中注定

我把潛水相機落在摩頓島上

5-1

好的一切，不代表會成功；
壞的開始，不代表是失敗。

佚名

我把潛水相機落在摩頓島上。

如同多年前把手帕落在仙台路旁。照片隨著回憶一起埋藏在海底，埋葬好陣子未曾翻閱的曾經。和他的照片就這樣埋葬在海底了，回憶在光與影的陪襯下，囚禁在名為時間的牢籠裡，成為陳舊的沙粒，靜躺在摩頓島的海底。

在好多年前我歷經了一場人生轉捩點，在命運的十字路口上，我選擇獨自前行，在歐洲漫無目的的流浪，任命運指引我方向，就好像一隻孤單影隻的小船，在汪洋大海裡飄蕩，在沒有目標以前，哪裡都可以是我的歸途。

有沒有害怕過？我幾乎無法回想那段將枕頭哭濕了才睡著，醒來又繼續流淚的悲傷，也無法想像原來自己可以那樣竭力地哭，因為不想讓自己顯得孤單，所以選擇了多人房，但又因為怕影響到別人，所以不敢哭出聲來，這樣矛盾又力不從心的懦弱，頓時覺得自己好渺小，渺小到隨時消失可能都不會被察覺到的那種。

但也是那次重重的摔了一跤，我很清楚地明白，在這個世界上每個人都是過客，沒有誰應該負責你的人生，也沒有誰理當陪你走到最後，這條人生的道路上，你會不斷不斷地遇到各種艱難的選擇，而這些選擇都會影響你的一生，成就現在的你。

在我拿著手機，跑到樓梯旁嚎啕大哭時，背包客棧的B跑來拍著我肩膀，緩慢並且溫柔地對著我說。

「妳失去的只是一個不愛妳的人，妳還有美好的人生。」

「永遠，永遠，也不要忘記妳自己。」

後來我回到了臺灣，生活開始逐漸步上了軌道，忙碌使得我沒有多餘的時間胡思亂想，究竟是什麼樣的原因導致我們分開，關於對錯似乎也不再那麼重要了，因為刪除了許多關於他的資訊，是有好段時日他再也沒出現到我的夢裡，甚至連他的模樣我也快記不清了。

總有一些城市，一看到就會勾起你滿滿的思念，通往那個時空裡，你穿越了所有快樂與悲傷，人生這條路上總得經過些許曲折與崎嶇不平，總得披個荊棘，經過歲月洗刷過的疤痕，好讓命運織成最美的模樣。

海島，是我跟他第一次旅行的起點，那裡有太多太多的美好，以致於我不願貿然銷毀我心裡的記憶，又或者是說，我害怕，我害怕一個人回去。

「難道一輩子都不去海島國家了嗎？」

「終有一天會去的。」

「什麼時候呢？」

「當我能笑著說出那段曾經的時候。」

我把潛水相機落在摩頓島上，大概是命中註定要讓它消失在生活裡，消失在日常的枝微末節裡，不怕不怕，日子終究得過去，總得留些遺憾才有再次造訪的理由，美就美在腦海裡吧。

不怕不怕，我們得堅強。

從上帝的視角俯瞰摩頓島

嘎語錄

每一次跌倒都是一個邀請，邀請我們重新來過。

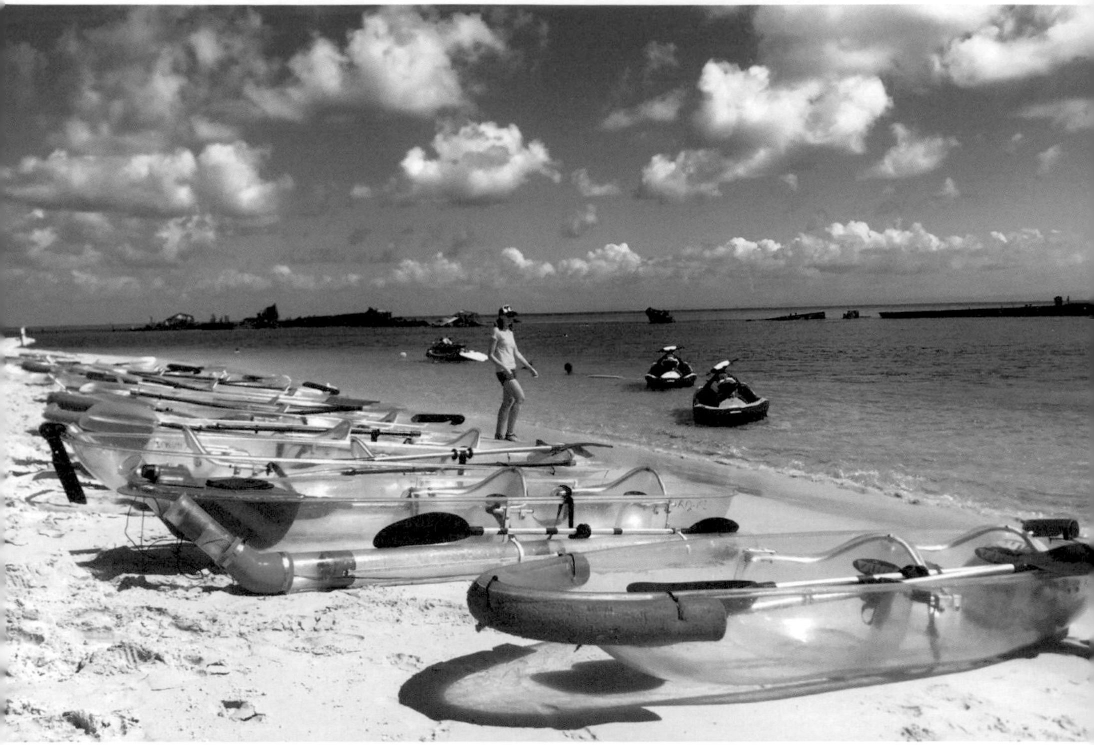

來摩頓島一定要體驗一番的透明獨木舟

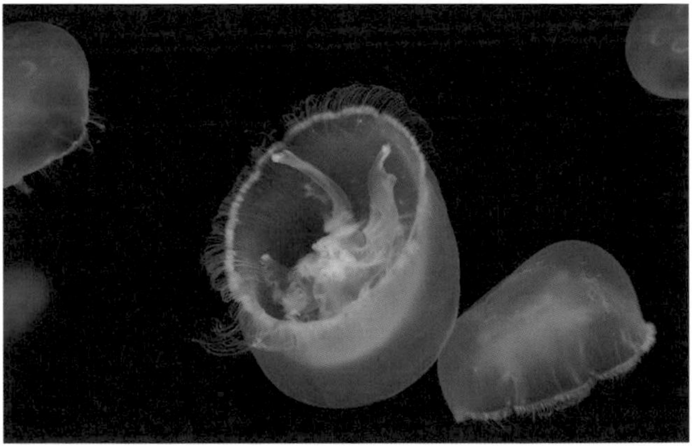

汪洋大海中依舊可以快樂地獨游

喜歡自己

或許在或許的迴圈後，
這就是我。

5-2

比成功更重要的事，
做你自己有興趣、有能力，
也肯努力去做的事。

徐重仁

買了張通往東京的機票，恣意睡到陽光從頭曬滿至腳邊，時間已近正午。這是第幾次可任性的賴床不顧一切後果的一天？多到自己數也數不清。

是幸福。

一種可以不需在意任何時光的悠閒，我一直嚮往著。卻又總是背道而馳。即便在沒有任何工作事情叨擾，沒有任何情感糾纏，我仍有辦法讓自己陷入忙碌的懸崖，縱身跳躍。一躍而下後，卻又任憑傷痕與小挫傷在身體任意地留下註記。

渴望冒險，就得肩負傷痕累累的準備，直到登入高峰，卻又僅只與享受擦了個身，爾後卻又繼續向前，哪怕下一秒是一步一步向下滑，也樂此不疲。

過了二十五歲早已不再是新鮮人了，是該昂首闊步而非停滯不前；是該大步邁進而非膽卻碎步。回顧一路走來，偶爾人生像海鷗般翱翔悠遊，命運時常如蒼鷹般俯衝，坑坑疤疤的在歲月裡編織成最驕傲的回憶。

我喜歡，喜歡這樣的自己。

我喜歡自己。

喜歡自己不屈服別人的倔強，當別人叉著腰高談人生闊論時，能有拒絕的勇氣，明確說明那不是自己想要的自信；喜歡自己不懦弱的正義，在別人遭受欺凌，受盡委屈時，能伸出援手幫助對方，儘管那樣的舉動可能會讓自己暴露在有點危險的情況；喜歡自己自信灑脫能夠隨意地和陌生人聊起天來，不論他是坐在街邊衣衫襤褸抑或是珠光寶氣，都能夠自在地和他們有所交流；喜歡當別人耳提面命，告訴你這很危險、那樣做不好，叮嚀囑咐時，能夠有勇氣但小心翼翼不讓他人擔心的那種決心；喜歡自己對於旅行的執著，不論遭遇多艱難的困窘，都能化險為夷、越挫越勇。

喜歡自己對每一件事情的樂觀，即使迷路都能笑著說「沒關係我的世界永遠新鮮」的那種樂天派；喜歡自己可以不顧形象，和孩子們赤手赤腳地踩在充滿泥濘與尿液的廁所嬉笑打鬧；喜歡自己在深夜三點，滑著手機花不到一分鐘就買了張不知道目的地在哪裡的機票，那種瀟脫率真的個性；喜歡自己當遇到火車停駛，飛機停飛，連當晚都不知道可以住哪，卻能立刻做決策的那種果斷；我喜歡從不盲目追求他人，一點一滴從旅行中拼湊出來的自己。

人們總是會下意識地尋找些什麼，以至於我們才成為那樣的人。

親愛的，那你呢？

命運總是會冷不防地給你一刀，在你措手不及的時候，或許不該再浪費時間在細數錯誤的日子裡前進，早該或許的時程早已過去，

just let it go.

la dolce far niente.

在吉隆坡不知名的咖啡廳，笑得很開心

我喜歡笑得很開心的自己—吉隆坡

吉隆坡

嘎語錄

或許在或許的迴圈後，這就是我。

關於隔閡

一道阻絕心房跨越不過的高牆

5-3

我們必須習慣，

在人生的交叉路口，

卻沒有紅綠燈的事實。

歐內斯特・米勒・海明威

他們說伯利恆是耶穌誕生的地方，擁有信仰的教徒們，一輩子必須造訪一次的地方。我一直是個無神論者，但我也很想瞧瞧他們口中的應許之地。

伯利恆屬於巴勒斯坦自治區，從耶路撒冷前往大約要開半小時車程，入口僅有一個，快到巴勒斯坦的邊界，你會發現高速公路沿途都是高牆，在出發以前，以色列的天空一直都是純淨的藍，一望無際的草原與黃土，無法一眼望穿的那種遼闊，但這僅止於在以色列境內。在出發以後，以色列與巴勒斯坦的邊境有著一道道高牆，周邊皆有軍隊駐紮，公車在高牆的底端停靠，盡頭有個鐵式旋轉門，一次僅能供一人走過的那種，長長的人龍頓時吸引到我們的目光，嘿！我們還在高速公路上。

我們開著車前往，一不小心來到了邊界線。道路旁可以清楚看見有人騎著驢子散步，因為錯過一個交流道，導致前往伯利恆需要再多開一小時，到那已是黃昏。為了找到那個通往伯利恆的入口，我們連續來了兩天。

第一天，軍隊說現在這個時間不適合前往，傍晚將近六點，以色列呈現如棉花糖的彩霞，但我們的心情沒有感覺到一絲甜甜的感覺。

第二天，我們好不容易找到了前往伯利恆的入口，但我們又被一個我無法分辨他究竟是巴勒斯坦還是以色列的人攔下。

「你們開著以色列的車，是不能進去巴勒斯坦的。」

我早就知道這是場騙局，但我依舊停了下來聽他說話，委婉的道謝便繼續前往。

他們說這道有點高帶著屋簷的圍牆，是為了保護領土不讓他們進入的防護線。

透過車窗從以色列一側看是綿延不絕、看不到盡頭的水泥高牆，沒有半點生氣，帶點冰冷，但到了伯利恆往外看來，隔離牆下則是許多充滿內心聲音的塗鴉，或黑白、或彩色，是巴勒斯坦對越牆的嚮往，是很難一語道盡的無聲抗議。

厚實高聳、穿越整個約旦河的混凝土牆，就這麼隔絕了以色列與巴勒斯坦。這道700公里長的隔離牆，在以色列人眼裡是隔絕巴勒斯坦激烈暴動分子的最佳防禦，但在巴勒斯坦人眼中看來，是以色列強取豪奪他們家園的阻礙。

這一道高牆的兩端，竟是渾然不同的兩個世界。

我去了聖誕教堂，虔誠信仰的教徒與想一窺究竟的觀光客擠滿了教堂，喧囂吵雜、此起彼落的談話聲迴盪在整個教堂內，這裡一丁點兒也不寧靜，沒有想像中的安詳。

「嘿，我知道有條捷徑可以帶你去看那個大家都想彎腰的地方，你只要付我一點小費即可。」一個穿著襯衫，皮鞋看起來相當體面的陌生男子，對著我與R說。

「謝謝，我們不用。」

不論是在多麼神聖的殿堂裡面，在商人面前所有的東西都能變成一個價碼，在利益面前，你只需要開口，彷彿這世界沒有錢辦不到的事，連你想洗清一生的罪孽，都能用錢解決。雖然我沒有任何宗教信仰，但宗教在我心中，本就是良善的，它給予世人希望，鼓勵人們向善，不論是你信奉的信仰為何，不論你崇拜哪一位神。

我實在痛恨那些將人性的脆弱轉化成商品，販賣希望的商人。但這世界上就是如此的混濁，一個巴掌終究拍不響，身旁有幾位珠光寶氣，衣著不凡的外國人就這樣跟著那位男子繞過長長的排隊人潮，來到了隊伍的最前列，身旁經過的人們都知道他們在做些什麼，但也就靜靜的關注這一切不合理的事情發生。

我們就這樣成了旁觀的一員，任憑那些不合理的事情繼續理所當然的發生。沒有任何動作的我們。

後來我寫下了我在伯利恆看到的感受寄回家鄉，這是在一路旅行所養成的習慣。

最後，我被一位英文相當流利的弟弟帶到了他們的星巴克（Star bucks）。

「這是我們的星巴克，真正的星巴克不會來到我們這。」弟弟似乎知道我想要問他什麼，於是搶先一步對著我和R說，帶點習以為常但眼神中有一丁點的落寞。

「噢，都是有好喝咖啡的地方，一樣的。」對於突如其來談話，我下意識的回覆他，暗自希望他不會因為這一切的不公平，而對人生感到失落。

其實我也沒多麼善解人意，對於自己內心浮現出安慰弟弟這樣的想法，立刻覺得自己自大地可笑，憑什麼有種上對下，或是我處於舒適圈就可以擁有一個不平等的對話。

「我請你們喝咖啡吧，你們只需要陪我說說話，看看牆上的明信片，我想和你們說說我們的故事。」

「那一道道牆上的塗鴉，都是我們的故事，都是伯利恆每分每秒上演著的真實人生。」

一道道囚禁自由的水泥高牆

嘎語錄

他們要的僅只是一杯咖啡的理解，這樣的微小又有力的渴望。

以色列總是晴空萬里的藍天

棉花糖般的彩霞—以色列

那個耶穌誕生的地方—伯利恆

長長的排隊人龍

你得彎腰才能通往耶穌誕生的地方

關於革命

那些鮮血逝去的痕跡

5-4

有些事情本身我們無法控制，
只好控制自己。

佚名

「那道牆必須得存在著，甚至我希望不要開啟任何一道門。我不能讓他們來傷害我的家人，不能，絕對不能。」自幼在以色列長大的K一邊說一邊喝著Hagibor Beer，他們說這就像是臺灣啤酒，在這裡的每個人一定都喝過。

「如果妳待在以色列久點，妳一定得知道最近的防空洞在哪裡，因為這裡隨時都有可能戰爭，空襲隨時都會發生。」K一臉嚴肅又正經的對著我說。

在以色列旅行的這段期間，每天都在改變我對這城市的認知。起初，我以為他是殘破不堪，因為連年戰爭，導致民不聊生的那種城市。但特拉維夫的麥當勞，一餐要價臺幣將近五百元，物價高漲的指數有掃我對這城市的既定印象，他比我去過的紐約、巴黎、東京甚至是倫敦都要來得昂貴，但如果我沒有打開地圖導航，我完全沒有辦法想像眼前先進、觀光的城市，就是大名鼎鼎的以色列。

但在邊境的兩邊，你可以看見四處丟棄的垃圾，有著大大小小的包袱散落四處，人們或站或躺，衣著不至於襤褸到街友般的潦倒，比較像是緊急發生事故，從住家、從公司、從學校逃離的那種畫面，你頓時又會覺得自己真的身處在你以為的戰亂之地。

「這裡隨時都有可能發生戰爭。」腦海中持續浮現K給我的叮囑。

因為隨時都有可能發生戰爭，在以色列的各個城市不論高樓大廈，抑或公寓矮房，每棟屋子都擁有自己的防空避難室，而當空襲警報響起，不論你身在何處，居住在以色列的人們都具備有快速找到避難的技能，這是在這裡生存的基本技能。

「他們不應該綁著炸彈來炸毀我們城市，不該這樣。他們不配擁有自由。」K的英文非常流利，受過高等教育的他，是google的一位工程師，噢，他是我認識第一位在google工作的工程師。

我們喝了一杯又一杯的啤酒，聽著K說以色列與巴勒斯坦的愛恨情仇，他們說這是場猶太人與阿拉伯人的戰爭，他們說這是兩個國家之間的戰爭，但他們又說巴勒斯坦根本就不是一個國家，你把google map打開，你根本找不到一塊完整的巴勒斯坦，臺灣不管多麼渺小，在地圖上總是能呈現一個島嶼的模樣，而巴勒斯坦卻散落在地圖各地，根本就不是個國家。

「他們根本不配擁有自由。」K的話持續盤旋，而我想起了在伯利恆巧遇的那個弟弟，那個濃眉大眼應該還在念國中的弟弟，想起了他大方地請我喝了一杯咖啡，只為了要我聽他說說他們的故事。

臺幣 400 元的捲餅

這些食物將近臺幣 900 元

他們渴望被了解，他們被限制在那道牆以內，他們沒有了自由，他們將一肚子想說話的刻在牆上，畫在壁上。

但在以色列望去的那一方，就只是一層層保護家鄉的水泥高牆。

我沒有回答K任何一句話，也沒有附和他，就這樣靜靜地聽他說，我沒有反駁他，我也沒有立場反駁他。

嘎語錄

他拿著刀是想鬆開被綑綁的驢，不是想要傷害你。

防空洞改建的餐廳

K 推薦的 Hagibor Beer

關於善良

一個五歐元的故事

5-5

絕不能用一本書的封面來評判它的內容。

佚名

馬賽是法國最古老的城市，在踏上這塊土地前，我從來沒聽說過，更不知道它究竟是在東歐還是南歐；在我旅行歐洲一個多月後，又是一個平凡到不行的夜晚，坐在背包客棧的交誼廳內，喝著廉價咖啡，滑滑各大機票網站。嘿！出發去Marseille（馬賽）只要臺幣五百元，又是一張便宜的單程機票，就出發吧！那裡一定有個什麼故事正在等著我。

心中懷著這樣的念頭，決定上沙發衝浪看看，有沒有同樣有空閒的人，可以買杯咖啡聊聊天之類，後來，我遇見了R。

R來自印度德里，來到法國工作了許多年，身兼多份工作，在馬賽的市中心旁租著小小的套房，起初我只是想要找人喝個咖啡聊聊天，但在R說明身分，並且告訴我馬賽的治安有多危險時，一邊叮嚀囑咐我，一邊幫我找適合的背包客棧，但距離市區近又符合我預算的背包客棧實在沒有半間。

「要不妳住在我那裡吧，如果妳不介意的話，我不是壞人。」R似乎看出我正擔心的事情，便好心的對著我說。

「謝謝，但這樣太打擾了。」一邊感謝R的好意，腦中一邊浮現各種友人對於印度男子的評論，而且男女共處一室，實在不是太安全。

「那我再陪妳找找，或者我得跟妳一起去旅館才行，這裡真的太危險了。」R看出了我的擔憂，便不再邀請我。後來我們決定起身在四處走走，直接走去旅館詢問是最快的。

「妳記得把手機收起來，千萬不能拿出來。」再決定出發以前，R繼續叮囑我。

面對他一而再，再而三的小心叮嚀，謹慎以及不斷強調這裡的治安不是很好，在那一刻我覺得在R身邊很安全，心想眼前的這個男生應該不是壞人吧？

我們穿越了穆斯林傳統市場，經過了繁忙的阿拉伯市集，沿途R都走在我的旁邊，因為是唯一的亞裔臉孔，還是女生，一路走來被許多看似阿拉伯、土耳其等中東臉孔從頭到腳的打量者，那滋味挺不舒服的。

隨著夜色越來越黑，我們走去了一間不是太吵鬧的餐酒館，在找到晚上落腳以前，餵飽肚子也是一件挺重要的事。

「我平常不太在外面吃飯，不健康，也不便宜。」在一邊點餐一點閒聊的時候，才知道原來R大多時候都是在家裡煮飯。「一整隻雞在阿拉伯市場裡面只要一歐元，你可以分成好幾餐。」而在他講出這句話的同時，我正吃著一個要價十五歐元的漢堡，喝著一杯將近五歐元的可樂，而R只點了一份不到十歐元的沙拉，他說生菜在市場裡面還是比較貴，在這喝可樂太浪費。

吃飽喝足後我們決定繼續尋找青年旅館。

我們因為在一個交通較繁忙的十字路口停下，轉角一位滿頭白髮的老婆婆，提著一簍玫瑰花，花籃裡的玫瑰還剩至少八成以上，格紋毛呢的洋裝襯衫在大風底下略顯單薄，人來人往的十字路口卻沒有任何人停下，或許是長期提著花籃，老奶奶的手腕看上去有點彎曲。

「奶奶給我一支玫瑰花。」在我正準備打開包包的同時，R向老奶奶買了玫瑰花。

「謝謝你，五歐元。」老奶奶給了R一個很溫暖很慈祥的微笑，眼睛笑咪咪的。

「來，這支玫瑰花送給妳。」R將從老奶奶手中剛買來的玫瑰花，送給了我。在那一刻，我的情緒複雜地很難以用言語說明，只想快快地鑽進洞裡。

一個捨不得喝五歐元的可樂，卻能夠花五歐元買一支玫瑰花，給一個陌生人。

綠燈了，我們繼續前往今晚的落腳處，只是這一次我們是去R家。

嘎語錄

你可以用外表評論一朵花的美醜，但人無法。

R 正料理著要價僅需 1 歐元的宵夜

R

傳統市場內販售各式各樣的香料粉

穆斯林傳統市場

關於國境

他們口中的天堂

5-6

耶路撒冷是一座不屬於任何人的城市，但它又存在於每個人的想像當中，這是這座城市的悲劇，也是它的魅力所在。是一個神的殿堂、兩個民族的首都、三大宗教的勝地，它還是唯一一個擁有天國和塵世兩種存在微度的城市。

《耶路撒冷三千年》
賽蒙．蒙提費歐里

高樓林立，車水馬龍，遠方的夕陽漸漸沒入地平線下，大地與天空瞬間撒上了金粉與紅霞，一望無際的沙地在餘暉的斜映下，更加絢麗燦爛。以色列的天空實在美麗極了。

在差點被扣留於機場的困境中逃出，迎面而來的是涼爽的微風，街道上有許多個穿著輕便，沿著海岸邊慢跑的人們，金髮碧眼的俊男美女，在沙灘或嬉戲，或躺或臥；黃昏時分的餐酒館擠滿了世界各地的旅人，這裡有著昂貴的啤酒與自由，歡笑聲此起彼落。

這裡是特拉維夫，他們口中的玩樂天堂，想要放鬆的人一定得要造訪。

他們說「如果世界有十分美，九分便在耶路撒冷。」我得去去他們口中說的應許之地，即使我沒有信仰。

進去這道門便是舊城區了，他們口中神聖又複雜的地方。西牆裡塞滿著前來哭訴的信徒，他們把欲傾訴的多愁化作隻字片語，塞進窄小的石縫裡。一本本經書陳列在木櫃裡供人取閱。男生和女生得分成兩區，而女生就僅僅占這哭牆的三分之一。有人哭出聲來，有人默默啜泣，有人跪在地板上不能自已，雖然我永遠無法理解他們口中的話語，但這一幕，我被震懾住了。

宗教一直都充滿力量，在這混沌的世界裡，終究得有一絲光明引領人們向前。我們每一個人都相信神話，即使那一篇篇與現實大相逕庭的傳說，有時荒謬的令你無法想像，卻是隻身在外的遊子最需要的心靈寄託。

舊城區被劃分四塊，他們各自一戶，圍成一區。一走進映入眼簾的是一位位西裝筆挺帶著高帽，留著長鬍子的男子，你知道你來到了猶太區。那種寧靜的氛圍，彷彿針掉落地面都聽得見的安寧，讓你不敢多走上前。轉個彎來到叫賣聲此起彼落的穆斯林區，華麗寬鬆的繽紛服飾，熙來攘往的人們在市集內四處流竄，你彷彿搭乘電梯來到了另一個世界。他們堅守在自個兒的土地裡，用力地活著。

這裡是耶路撒冷，他們口中通往天堂的必經之地，想要遇見上帝的人，一定得來這裡。

嘎語錄

他們口中的天堂，不一定在天上。

舊城區裡的世界

大馬士革門

國家圖書館出版品預行編目資料

必須履行的旅行 / 高嘎嘎Gaga作. -- 初版. -- 臺北市 :
華成圖書, 2019.03
面 ; 公分. -- (出走系列 ; T1004)
ISBN 978-986-192-343-7(平裝)

1.旅遊文學 2.世界地理

719 108000632

出走系列 T1004

必須履行的旅行

作　者／高嘎嘎Gaga

出版發行／華杏出版機構
華成圖書出版股份有限公司
www.far-reaching.com.tw
11493台北市內湖區洲子街72號5樓（愛丁堡科技中心）
户　名　華成圖書出版股份有限公司
郵政劃撥　19590886
e-mail　huacheng@email.farseeing.com.tw
電　話　02-27975050
傳　真　02-87972007
華杏網址　www.farseeing.com.tw
e-mail　adm@email.farseeing.com.tw
華成創辦人　郭麗群
發 行 人　蕭聿雯
總 經 理　蕭紹宏

主　編　王國華
責任編輯　楊心怡
美術設計　陳秋霞
印務主任　何麗英
法律顧問　蕭雄淋

定　價／以封底定價為準
出版印刷／2019年3月初版1刷

總 經 銷／知己圖書股份有限公司
台中市工業區30路1號　電話　04-23595819　傳真　04-23597123